買わせる文章が「誰でも」「思い通り」に書ける101の法則

山口拓朗
Yamaguchi Takuro

101 RULES FOR WRITING
COPY THAT SELLS

まえがき

　本書を手にとっていただき、ありがとうございます。
　この本は、次のような悩みを持つ方に向けて書きました。

■ 商品には自信があるのに、思うように売れない
■ 商品を売る文章の書き方が分からない
■ チラシやPOPやプレスリリースを書いても、反応が薄い
■ 読む人の興味を引くキャッチコピーが書けない
■ Webやソーシャルメディアで商品を売る方法が分からない
■「依頼」や「お願い」や「お誘い」のメールを書いても、相手から思い通りの返事をもらえない
■ 頑張って企画書や提案書を作っても、採用してもらえない

　本書でお伝えする「買わせる文章の書き方」が身につくと、思い通りに商品（サービス）を買ってもらえるようになります。また、思い通りに人を動かすことができるようになります。
　もちろん、その成果は「評価」や「収入」「信頼」という形で、あなた自身に還元されるはずです。

　「買わせる文章の書き方」は、企画書、提案書、プレゼン資料、チラシ、カタログ、DM、セールスレター、POP、プレスリリース、ホームページ、冊子（広報誌など）、企業アカウントのソーシャルメディア（ブログ、facebook、ツイッターなど）、メルマガ、メールなど、あらゆる文章に使うことができます。

さて、見込み客に送るDMの目的は何でしょうか？　新商品を紹介するため——だけでは足りません。読む人に「この商品を買いたい」と思ってもらうことです。そのためには、読む人の感情を動かさなければいけません。

　すばらしい商品にもかかわらず、思った以上に売れないとしたら、あなたが書いたセールス文章やチラシやPOPが、読む人の感情を動かせていないからかもしれません。

　営業のアポを取るためのメールとて同じです。相手からOKをもらうには、「私もこの人に会いたい」と思わせる文章を書かなければいけません。

　感情や気持ちや心——呼び名はどうあれ——これらを動かすことができなければ、人は「買いたい」とも「会いたい」とも思ってはくれません。

　本書には「買わせる文章」に必要な考え方とテクニックを完全収録しています。

　第1章「買わせる文章を書くために必要なこと」では、「買わせる文章」の基本セオリーを分かりやすくまとめました。一生モノのノウハウですので、この機会に自分のものにしてください。

　また、第2章の「新型ボールペンを文章で売る」では、第1章

で学んだ基本セオリーをどう使いこなせばいいのか、「ボールペンを売る」という具体例を用いながら実践形式で解説します。

さらに、第3章の「買わせる文章のテンプレート」では、企画書作りからモノを販売する文章まで、あらゆるビジネスシーンで使えるテンプレートを紹介します。
今すぐに「買わせる文章」を書かなくてはいけないという方は、ひとまずこの章を開いてテンプレートを使ってみてください。

第4章の「人を引きつける文章の作り方」では、「買わせる文章」を書くときに役立つさまざまなテクニックをお伝えしています。第1章の基本セオリーと併せて用いれば、効果絶大。読む人の反応が目に見えて変わるはずです。

さらに、第5章の「使えるキャッチコピーの作り方」では、手軽に使えて、なおかつ高い効果が得られるキャッチコピーの型を紹介しています。広告や宣伝はもちろん、提案書や企画書にタイトルをつけるときにも重宝するでしょう。

最後の第6章「SNS・メールで人を動かす」では、SNS(ソーシャル・ネットワーク・サービス)やメールで使える「買わせる文章」の書き方を紹介しています。
SNSでモノ(あるいは自分)を売りたいけど、どのように文章を書けばいいか分からないという方や、メールを書いても、相手から思った通りの反応を得られないという方は、ぜひ目を通し

てください。

　いかがでしょう？
　ベースとなる考え方から即効性のあるテンプレート、細かいテクニックまで、「買わせる文章」のノウハウを惜しみなく盛り込みました。「これは使えそうだ」というものがあれば、どんどん使ってみてください。

　一方で、私が何よりも伝えたいのは、それらの考え方やテクニックの裏側にある「本質」です。

本質①：自分の商品（サービス）を熟知すること
本質②：ターゲット（お客様）を熟知すること
本質③：商品とターゲットの接点を見極めること

　つまり、「商品とターゲットを熟知したうえで、両者の接点を書く」こと。
　どれほどの美文を書こうが、どれほど正しいことを書こうが、本質が抜け落ちた文章では、人の感情は動きません。

　とくに抜け落ちやすいのが本質②です。
　いつでも、読む人の姿（ターゲット）を、思い浮かべ続けてください。読む人の立場に立ち続けてください。読む人の声に耳を傾け続けてください。読む人の心理心情を理解し続けてください。読む人の反応を気にし続けてください。

読み手不在の文章では、買ってもらえませんし、人も動きません。うまくいったとしたら、それは、ラッキーパンチが当たっただけのことです。

　逆に言えば、本質を見失わずに、自分（商品）と読む人（ターゲット）を結びつける文章さえ書ければ、いかなるシチュエーションでも、あなたが望む結果を得られるでしょう。

　企画書やプレスリリースの採用率、プレゼンの通過率、商品の購買率、ウェブ上のコンバージョン率（サイトの訪問者数のうち成果＜購買、資料請求、会員登録など＞に結びついた割合）——それらのすべてが、驚くほど上がるはずです。

　本書で紹介する考え方とテクニック、そして、何より大切な本質が、あなたの人生を激変させることをお約束致します。

　さあ、一緒に「買わせる文章」の世界へと参りましょう。

著者　山口 拓朗

Contents

まえがき

第1章　買わせる文章を書くために必要なこと

- 01 「買わせる文章」の真髄は「相手本位」にあり　14
- 02 商品の特徴を徹底的に洗い出す　16
- 03 商品のターゲットを決める　18
- 04 ターゲットのニーズをつかむ　20
- 05 商品のベネフィットを考える　24
- 06 キャッチコピーを作る　28
- 07 商品の説得材料を盛り込む①（科学的な根拠／実績／お墨つき）　30
- 08 商品の説得材料を盛り込む②（お客様の声）　34
- 09 無意識下の問題やニーズに気づかせる　36
- 10 商品の物語を語る　38
- 11 その他のベネフィットを追伸する　42
- 12 商品の保証・アフターサービスを書く　44

第2章　新型ボールペンを文章で売る

- 13 ボールペンを売るにはどうすればいい？　48
- 14 【ボールペンを売る①】特徴を徹底的に洗い出す　50
- 15 【ボールペンを売る②】ターゲットを決める　51
- 16 【ボールペンを売る③】ターゲットのニーズをつかむ　52
- 17 【ボールペンを売る④】ベネフィットを書く　53
- 18 【ボールペンを売る⑤】キャッチコピーを作る　54
- 19 【ボールペンを売る⑥】説得材料を盛り込む❶　56

20 【ボールペンを売る⑦】説得材料を盛り込む❷　57

21 【ボールペンを売る⑧】無意識下の問題やニーズに気づかせる　58

22 【ボールペンを売る⑨】物語を語る　59

23 【ボールペンを売る⑩】その他のベネフィットを追伸する　60

24 【ボールペンを売る⑪】保証・アフターサービスを書く　61

25 リラスムの「買わせる文章」を作る　62

第3章　買わせる文章の**テンプレート**

26 「買わせる文章」の基本の型　68

27 「悩み」の解決型　70

28 「ワクワク」の提示型　72

29 いきなり商品紹介型　74

30 比較型　76

31 物語型　78

32 カタログ＆チラシ型　80

33 企画書・提案書　82

第4章　人を引きつける文章の作り方

34 ブレットで読む人の興味を引く　86

35 安さの訴求は「イメージしやすさ」と「安さの理由」で　88

36 五感を刺激するシズルを書く　90

37 Ｑ＆Ａで読者の不安を取り除く　92

38 ベネフィットを「ビフォーアフター」で語る　94

- **39** 読む人の疑問に先回りして答える　96
- **40** 「不を維持する代償」を伝える　98
- **41** 弱点・欠点を書く＋リカバリー力を発揮する　100
- **42** 親しみを感じさせる　102
- **43** 限定感を打ち出す　104
- **44** 「特典」で特別感を打ち出す　106
- **45** 最後に「行動を促す言葉＋行動することで得られるメリット」を書く　108
- **46** 重要なポイントをくり返す　110
- **47** 具体的な言葉を使う　112
- **48** 数字を上手に活用する　114
- **49** 冗長な文章は、百害あって一利なし　116
- **50** タイプ別にアプローチする　118
- **51** 媒体やツールに応じて書き方を変える　120
- **52** 「買わせる文章」「動かす文章」は自問自答の結集だ！　122
- **53** 読む人の反応を決める　126
- **54** 推敲に力を注ぐ　128
- **55** 「PDCA」で「買わせる文章」の精度を高める　130
- **56** 相手本位のセンスを養う方法　132

第5章　使える**キャッチコピー**の作り方

- **57** 使えるキャッチコピーは、「型」と「本質」のかけ算　136
- **58** ターゲットに直接呼びかける　140
- **59** 疑問形を使う　141
- **60** 不安や恐怖にアプローチする　142

61 お客様の感想をそのまま使う　143

62 数字（数値）を使う　144

63 断言する　145

64 ターゲットの質問・疑問に答える　146

65「〜の方法」　147

66 ベネフィットを伝える　148

67 常識から外れたことを書く　149

68 ターゲットの声を代弁する　150

69 ユーモアを交える　151

70 比較や対比を使う　152

71 比喩や擬人化を使う　153

72 意外性を語る　154

73 あえて遠回しに言う　155

74 強い言葉を使う　155

75 第三者のお墨つきを伝える　156

76 本気さを問う　156

77 希少性をアピールする　157

78 お得さをアピールする　157

79「初」や「新」で訴求する　158

80「〜しない」を強調する　158

81 お役立ち情報を提供する　159

82 切実さを語る　159

83 時流に乗る　160

84 実績を語る　160

85 正直に話す　161

- **86** 命令する　161
- **87** 物語を語る　162
- **88** 意外な言葉を組み合わせる　162
- **89** じらす・伏せる　163
- **90** 縮める　163

第6章　SNS・メールで人を動かす

- **91** SNSにおける「買わせる文章」とは？　166
- **92** ストック型メディア「ブログ」の活用法　168
- **93** SNS上のコメントやつぶやきは両刃の剣　170
- **94** 個人を売る方法（肩書き編）　172
- **95** 個人を売る方法（プロフィール編）　174
- **96** ウェブ上で問われる「見た目のおもてなし」　178
- **97** メールで人を動かす　182
- **98** お客様からのクレームメールは、最大のチャンス！　186
- **99** 問い合わせメールには、付加価値をつけて返信せよ！　190
- **100** メールタイトルを具体的に書く　192
- **101** あいまいな表現では、人は動かない　194

付録　「商品の特徴」＆「ターゲット分析」の棚卸しシート

あとがき

・カバーデザイン：小口 翔平 (tobufune)
・イラスト　　　：バント 大吉

第1章

買わせる文章を書くために必要なこと

01 「買わせる文章」の真髄は「相手本位」にあり

① 自分の商品（サービス）を熟知していること
② ターゲット（お客様）を熟知していること

「買わせる文章」を書くうえで重要な2大ポイントです。

「彼を知り己を知れば百戦殆うからず」（『孫子・謀攻』より）という言葉があります。「敵についても味方についても情勢をしっかりと把握していれば、何度戦っても敗れることはない」という意味です。

「買わせる文章」の真髄は、まさにこの言葉に集約されています。文章を書く際、「商品」と「ターゲット」についてどれだけ熟知しているか。それによって、得られる成果が大きく変わります。

言い方を換えれば、多くの人が「買わせる文章」を書けずにいるのは、商品やターゲットについて熟知していないからです。

■ この商品は、おおよそこういうものだろう
■ この商品を買うのは、おおよそこんな人たちだろう

「おおよそ〜だろう」というのは、つまり、自分勝手な想像や推測です。とくに、このワナに陥りがちなのが「ターゲット」についてです。

「食事の宅配サービスが欲しい」と思っている主婦に、「万能鍋はいりませんか？　これが最高にいいんですよ！」とセールスしたところで、興味を持ってもらうのは難しいでしょう。

　相手の心理心情が見えていないと、このように残念なミスマッチが生まれてしまいます。どんなにすばらしい商品でも、必要としていない人にとっては「価値のないもの＝いらないもの」です。

　そもそも、人は、自分の書きたいことばかり書こうとします。「うちの商品はこんなに最高です」「うちのサービスはこんなにすばらしいです」という具合です。ところが、自分の書きたいことばかり書いた退屈な（！）文章は、往々にして結果が出ません。

「買わせる文章」とは、「自分本位」ではなく、「相手本位」で書いた文章のことです。

　どんな商品であれ、ターゲットの心理心情を理解したうえで、商品に価値を感じてくれるような文章を書かなければなりません。続きを読まずにはいられなくなるような文章を、書かなければなりません。それが「相手本位」の文章です。

　「夕食の宅配サービス」を望む主婦に「宅配サービス」を提案して「こういうサービスが欲しかった」と思ってもらう、あるいは、「料理が上手になりたい」と思っている主婦に「何でもおいしく作れる鍋」を提案して「こういう鍋が欲しかった」と思ってもらう。「相手本位」の文章であれば、それができるのです。

02 商品の特徴を徹底的に洗い出す

　商品（サービス）の特徴を知らなければ「買わせる文章」を書くことはできません。特徴を「知っている」というのは、その商品について「熟知している」ということです。

　優秀な営業マンほど商品の特徴を熟知しているものです。お客様からどんな質問が飛び出しても、即座に対応できる準備をしています。

　「買わせる文章」を書くときにも、優秀な営業マンと同じ準備が必要です。その準備の第一段階が、商品の特徴の洗い出しになります。

　福祉施設向けに食事を提供する「昼食配達サービス」の場合であれば、次のような特徴を洗い出すことができます。

> ■ サービスの提供開始から10年、2500件の実績
> ■ 利用者の年齢や味覚、摂食機能に合わせてメニューが選べる
> ■ 食材の大きさ、硬さ、切り方、焼き方など、調理の要望に細かく対応できる
> ■ 提供する食事は「安全・おいしさ・栄養」の3つがバランスよく保たれている
> ■ 好きなときに食べられる「調理済み冷凍食品」も用意
> ■ 午後7時までにオーダーをもらえれば、翌日の午前中に配達できる

もちろん、特徴さえ洗い出しておけば安心ということではありません。**特徴を洗い出す最大の目的は、「すべての特徴を書くため」ではなく、「強力なウリ（＝訴求ポイント）を見つけるため」です。**

> 【強力なウリ】→ 調理の要望に細かく対応できる
> 【サブのウリ①】→ 利用者の年齢や味覚、摂食機能に合わせてメニューが選べる
> 【サブのウリ②】→ 午後７時までのオーダーで、翌日午前中に配達ができる
> 【サブのウリ③】→「調理済み冷凍食品」も用意している

　上記は、特徴に優先順位をつけながら「強力なウリ」を見つけた一例です（どの特徴を「強力なウリ」にするかは、ターゲットのニーズや企業戦略など、さまざまな側面から検討する必要があります）。**「強力なウリ」が明確になると、結果の出やすいセールス文が書けるようになります。**
　一方、商品の特徴を熟知していない状態でぼんやりとしたセールス文を書くことは、その商品にとって悲劇に他なりません。いくらすばらしい商品でも、その魅力が読む人に伝わらないからです。つまり、商品が売れません。

　商品の特徴を徹底的に洗い出す作業は、「買わせる文章」を書くうえで欠かせない準備です。「熟知しているつもり」のまま放っておかないように注意しましょう。

03 商品のターゲットを決める

「買わせる文章」を書くときには、その商品（サービス）を届けるターゲット（お客様）を強く意識する必要があります。

たとえば、化粧品のセールス文章で「アンチエイジング」という言葉が響きやすいのは、シミやシワが気になり始める30代以上ではないでしょうか。アンチエイジングとは老化を防ぎ、若返りを促す「抗加齢」を指します。

まだ肌の弾力やハリを自覚する10代や20代に「アンチエイジング」を訴求しても、彼女たちには響きづらいはずです。

なかには、油分の多いアンチエイジング化粧品は「ニキビや吹き出物の原因になるから嫌だ」という人もいるかもしれません。

この例からも分かるように、**本当に必要とする人に商品を届けるためには、ターゲットを明確にする必要があるのです。**

> 東京都渋谷区在住／40歳／主婦／マンション住まい（持ち家）／ご主人（IT企業勤務）／子供ふたり（14歳と12歳）／世帯収入750万円／英会話教室のバイト講師／趣味テニス

このように、ターゲット設定を行う際には、お客様を代表する架空のモデルを設定する方法が有効です（マーケティングでは、このモデルを「ペルソナ」と呼びます）。

「東京渋谷区在住の40代の主婦」という輪郭が明確になるだけ

でも、アラフォー世代の彼女たちが、どういう価値観を持ち、どんなライフスタイルを送り、どんな金銭感覚を持ち、どんな目標や夢を持ち、どんなことに喜びを感じ、どんなことに悩みや不安を抱えているか……等々が見えてきます。

> 愛車はトヨタ・プリウス／年に１回の家族旅行が楽しみ／中学生の子供ふたりは私学に通学／食は安心・安全を重視（無農薬や無添加が好き）／好きなファッションブランドは「自由区」／愛読誌は『FRaU』／田舎に住む両親の健康が気がかり

　ペルソナをさらに掘り下げてみました。彼女たちが好んで選ぶ「プリウス」や「自由区」のコンセプトを探ったり、愛読誌である『FRaU』の記事や広告を参考にしたりすることで、ペルソナの価値観などが見えてきます。

**　なかでも重要なのが、愛読誌などから、ターゲットが好んで使う（ターゲットの心に刺さる）言葉や表現を収集することです。**

　なぜなら、いくら訴求の方向性が正しくても、ターゲットが使う言葉や表現が使われていないと、読む人の共感が得られないからです。

　言うまでもありませんが、想像や推測に頼ったペルソナは百害あって一利なしです。したがって、ターゲットとなる人たちと、できる限り長く時間を過ごし、たくさん会話をするようにしましょう。「買わせる文章」の種は、いつでもターゲットが持っていることをお忘れなく。

04 ターゲットのニーズをつかむ

　商品（サービス）のターゲットを決めたら、次に、ターゲットのニーズをリサーチします。いくらターゲットが明確でも、ターゲットのニーズをつかめていなければ、「買わせる文章」を書くことはできません。

　近年、核家族化の加速や、保育所の不足や共働き夫婦の増加などによりベビーシッターの需要が増えていると言います。
　ベビーシッターのメインターゲットは「小さい子供がいるお母さん」です。では、ベビーシッターを必要とする「お母さん」たちは、一体どんなニーズを持っているでしょうか？

① リフレッシュする時間が欲しい
②（緊急時を含め）幼稚園・保育園の送迎をしてほしい
③ 育児だけでなく、家事も手伝ってもらいたい
④ 信頼できるベテランシッターにきてもらいたい【安心・安全】
⑤ 子育ての相談に乗ってもらいたい

　①〜⑤はほんの一例です。こうしたニーズをつかめていれば、お母さんたちの興味を引く文章が書きやすくなります。
　たとえば②のニーズに対して「急に残業が入ったときも、電話1本で、お子様をお迎えにあがります」と書いたり、⑤のニーズに対して「子育てに関する悩み相談にも乗ります」と書いたりす

るわけです。

　ちなみに、**ターゲットのニーズは、多くの場合、その根っこに、何かしらの「不」があります。この「不」を知ることが、ニーズをつかむ近道となります。**

　世の中には、さまざまな「不」があります。

不安、不満、不快、不便、不具合、不平、不自由、不足、不良、不振、不信、不公平、不愉快、不明瞭、不健康、不全、不人気、不出来、不利益、不可解、不合格、不安定、不平等、不幸

　たとえば、近視用のメガネを買う人の「不」であれば、以下のようなものが考えられます。

- ■ 遠くがぼやけて見えない【不便】
- ■ 目が疲れる【不快・不健康】
- ■ 肩や首が凝る【不快・不健康】
- ■ ダサいメガネしか持っていない【不満】

　すでにメガネをしている人のなかには、「紫外線を通したくない」、あるいは、「パソコンのブルーライトを見ると目がチカチカする」という「不」を持つ人もいるでしょう。
　また、運動をしている人であれば、「走るとメガネがずり落ちてくるので困る」という「不」を持つ人もいるかもしれません。

このように、ターゲットが抱える「不」には、万人に共通するものから極めて個人的なものまで、さまざまなタイプのものがあります。

■ 目が疲れる【不】→ 目が疲れないメガネが欲しい【ニーズ】
■ ダサいメガネしか持っていない【不】→ 女性にモテるおしゃれなメガネが欲しい【ニーズ】

「不」が見えれば、おのずと「ニーズ」も見えてきます。また、ニーズが見えると、今度は訴求方法が見えてきます。

■ 目が疲れないメガネが欲しい【ニーズ】→ このメガネで眼精疲労とサヨナラ！【訴求】
■ 女性にモテるおしゃれなメガネが欲しい【ニーズ】→ このメガネで、モテるメガネ男子に大変身！【訴求】

「不」「ニーズ」「訴求」は、3つでワンセットです。訴求をするためには、ターゲットのニーズを把握していなければいけません。同じように、ニーズを把握するためには、彼らがどんな「不」を持っているのかを知っておかなければいけません。

逆に言えば、「不」を知り、ニーズを知ることが、効果的な訴求には欠かせないのです。

なお、ターゲットの「不」やニーズを知る方法のひとつが、「ターゲットと一緒に時間を過ごす」です。

学生なら学生、主婦なら主婦、お年寄りならお年寄り。ターゲッ

トと過ごす時間が長いほど、彼らの悩みや考え、ニーズがつかめてきます。何気ない雑談も絶好のチャンスです。気負いのない会話では本音が出やすいからです。

「休日に旅行をするくらいなら、家でマンガを読んだり、ゲームをしたりするほうが好きです」——ふと学生の口をついた発言から、「安定志向」「内向的」という傾向が読み取れるかもしれません。

ターゲットのニーズがつかめたら、その最大公約数に対して、商品をどう訴求するかを考えます。

学生の例で言うならば、「安定志向」で「内向的」な学生に「この商品が欲しい」と思ってもらうには、どのようなアプローチで文章を書けばいいのかを考えるのです。

ターゲットのニーズをつかむ作業は、商品とターゲットの接点（訴求ポイント）も見つけるうえで重要です。

ターゲット設定同様に、ここで「おおよそ～だろう病」を発症しないよう十分に注意しましょう（14ページ参照）。

05 商品のベネフィットを考える

「買わせる文章」を書くときには、ターゲットのベネフィットを明確に打ち出す必要があります。

ベネフィットとは、あるお客様が、その商品（サービス）から得られる恩恵や利益のことです。商品の特徴ではありません。

ベネフィットには大きく「機能的ベネフィット」と「情緒的ベネフィット」の2種類があります。

「機能的ベネフィット」は、その商品を所有したりサービスを利用したりすることで得られる機能面での恩恵のことです（たとえば、使いやすい、軽いなど）。

一方、「情緒的ベネフィット」は、その商品を所有したりサービスを利用したりすることで得られる感情面での恩恵のことです（たとえば、優越感や安心感など）。

【機能的ベネフィット】
便利、速い（遅い）、多い（少ない）、高い（低い）、強い（弱い）、大きい（小さい）、長い（短い）、うまい、高性能、頑丈、高耐久など

【情緒的ベネフィット】
思い出、体験、優越感、特別感、安心感、開放感、爽快感、至福、勇気、癒やし、快楽、克服、楽しい（ワクワクする）など

2種類のベネフィットは単独で存在しているわけではなく、「スピードが速い（機能的）→ 爽快感がある（情緒的）」という具合に連動しています。

　一例を挙げます。テフロン加工を施したフライパンを買う人の最大のベネフィットは何でしょうか？
　答えは「焦げにくい」や「おいしい料理を作れる」です。
　そう、フライパンを買う人は、商品の特徴（テフロン加工）ではなく、実は「焦げにくさ」や「おいしい料理を作る権利」を買っているのです。つまり、「最新テフロン加工」のすばらしさばかりを書き連ねても、ターゲットの購買意欲に火はつきません。

> ■ **テフロン加工仕様のフライパン**
> 【商品の特徴】テフロン加工
> 【ベネフィット】焦げにくい（機能的）→ おいしい料理を作れる（情緒的）

　もっとも、**商品のウリやターゲットのニーズによって「機能的」と「情緒的」のどちらにウエイトを置くかは変化します。**
　フライパンであれば、「焦げにくい」と「おいしい料理を作れる」のどちらが強いベネフィットなのか、十分に検討する必要があります。

　フライパンを買う人の心理心情——「最近はどうもフライパンが焦げやすい。どうもおいしい料理が作れない……」——が見え

ていれば、ベネフィットによる効果的な訴求ができるはずです。

■ 電気ベルトダイエット
【商品の特徴】身体にごく微量の電流を流す
【ベネフィット】血流がよくなる（機能的）→ やせて嬉しい／異性にモテる／生活習慣病の予防になる／昔の服が着られる／自分に自信がつく（情緒的）

■ ○○式ボイストレーニング
【商品の特徴】○○で声帯を柔軟にする
【ベネフィット】発声しやすくなる／声量が大きくなる／声域が広くなる（機能的）→ 好印象を持たれる／大勢の前で堂々と話せる／人から「えっ？」と聞き返されることが少なくなる／プレゼンや交渉がスムーズに進む／歌がうまくなる／自分に自信がつく（情緒的）

■ ロボット式掃除機
【商品の特徴】無人で動き、床のゴミを吸い取る
【ベネフィット】自動で掃除をしてくれる（機能的）→ 家事がラクになる／新たな時間が生まれる（情緒的）

■ 軽量ランニングシューズ
【商品の特徴】独自に開発したＺＯＮＥ素材を使用
【ベネフィット】シューズが軽い（機能的）→ 速いスピードで走れる／レースで記録の更新を狙える（情緒的）

このように、商品（サービス）には、必ずベネフィットが存在します。

　「少しでも速く走れるシューズ」を求めているランナーに「このシューズは独自に開発したＺＯＮＥ素材を使用しています」というアピールをしても、ぬかに釘、つまり、言葉が刺さりません。

　まっ先にアピールすべきは、「超軽量です」「高速スピードで走れます」「レースで記録が狙えます」といったベネフィットです。「商品の特徴」よりも「ベネフィット」。これが買わせる文章の基本であり、ターゲットの興味関心を引く秘訣です。

　なお、商品によっては、5個も10個もベネフィットが存在するケースもあるでしょう。しかし、それらをやみくもに羅列するのは好ましくありません。ひとつひとつのインパクトが弱まって、言葉が刺さりにくくなるからです。当然、記憶にも残りにくくなります。

　読む人の興味を引くためには、**洗い出したベネフィットに優先順位をつけて、とくに強力なベネフィットで訴求する**のが正攻法です。

　その商品の見込み客は、この商品を手にすることでどんな恩恵を得られるでしょうか？　彼らの生活や人生は、その後、どう変化するでしょうか？　もしも、こうした質問に答えられないようなら、まだベネフィットが明確になっていないのかもしれません。

06 キャッチコピーを作る

「買わせる文章」には、キャッチコピー力が欠かせません。

キャッチコピーと言うと、広告のイメージが強いかもしれませんが、企画書のタイトルにも、メールの件名にもキャッチコピー力は求められます。

キャッチコピーの力だけでモノやアイデアが売れることは、珍しくないどころか、身の回りで頻繁に起きています。

たとえば、書店に行ったときに、中身を熟読してから本を買う人はあまりいないでしょう。タイトルに興味を持って手に取り、パラパラとページをめくって、本をレジに持っていく。だいたいそんな感じではないでしょうか。

考えてみれば、これはすごいことです。多くの人が、中身の確認もほどほどに、1500円前後の買い物をするわけですから。

言い方を換えれば、本を買う人は、期待料として本のタイトル（＝キャッチコピー）に1500円を支払っていることになります。

出版社が本のタイトルにこだわるのはこのためです（1冊の本のタイトル案を1000個出す編集者もいると言います）。

仮に本書のタイトルが『買わせる文章が「誰でも」「思い通り」に書ける101の法則』ではなく『大人の文章術』だった場合、あなたはこの本を購入していたでしょうか？　購入はおろか、手に取ろうとさえしなかったのではないでしょうか。

本以外の例を見てみましょう。あなたが上司だとして、受け取った報告書やプレゼン資料のタイトルが下記の①と②だった場合、どちらを読みたいでしょうか。

【報告書】
① 今月の報告書
② 前月比200％アップ。動画戦略の意外な効用について

【プレゼン資料】
① 新製品「SUASHI」について
② 素足感覚の超軽量シューズ「SUASHI」が、40歳以上の市民ランナーに受け入れられる3つの理由

　どちらも、目を通したくなるのは②ではないでしょうか。
　①はおもしろみも意外性もなく、読む人の感情に響きません。一方の②は、目にした瞬間に「おもしろそう」「中身を読んでみたい」という気になります。
　②には、「前月比200％アップ」「動画戦略の意外な効用」「素足感覚の超軽量」「40歳以上の市民ランナーに受け入れられる」など、読む人が興味を引きそうな言葉が盛り込まれています。

　読む人の興味を引くキャッチコピーをつける能力は、「買わせる文章」を書くうえで、極めて重要です（第5章では「使えるキャッチコピー」の型をご紹介します）。

07 商品の説得材料を盛り込む ①（科学的な根拠／実績／お墨つき）

「この器具を使えば、記憶力がよくなります！」

「記憶力をよくしたい」というニーズを持つターゲットに対して、いくら売り手が自信満々にアピールしても、商品が必ず売れるとは限りません。なぜなら「信じられない」からです。

商品を売るためには、読む人が信じられる、つまり、納得できる材料を盛り込む必要があります。

① 科学的な根拠を盛り込む
② データ（実績）を盛り込む
③ 権威のお墨つきをもらう

この３点が、読む人を納得させる方法として有効です。

① 科学的な根拠を盛り込む

> ひざの裏側に〇〇研究所が独自に開発したスプリング樹脂を採用することにより、ストレスのないひざの曲げ伸ばしを実現。また、ひざのお皿周りは▲▲パッドでほどよく圧迫。運動中もひざがグラつくことはありません。＜ケガ防止用のひざサポーター＞

> 最高級と言われる酒米「山田錦」を精米歩合50%まで磨き上げました。さらに、○○川の伏流水と▲▲山の雪解け水が混ざり合って湧き出した軟水を使うことで、「深みのある香り」と「まろやかな旨味」を実現しました。＜大吟醸酒＞

　その商品は、なぜ効果が出るのか？　なぜおいしいのか？　なぜ成果が出るスピードが速いのか？

　読む人が抱く「なぜ？」に答えるためには、きちんと科学的な根拠を示す必要があります。とくにターゲットにマニア層が多い場合は、よりていねいに根拠を示さなければなりません。

> 【根拠：弱】好タイムを狙える競技用の自転車です。
> (お客様の心の声「なぜ好タイムが狙えるの？」)
> 【根拠：中】フレームにカーボン素材を利用しているからです。
> (お客様の心の声「なぜカーボン素材だと好タイムが狙えるの？」)
> 【根拠：強】カーボン素材は軽量なうえ、衝撃吸収性と強度に優れているからです。
> (お客様の心の声「なるほど、それはいいですね！」)

　根拠が強いほど納得しやすくなります。盛り込む根拠は、研究機関の統計や実験データ、学術的な証拠などが理想です。
　そうしたデータがない場合は、本などから根拠になりそうな記述を探して持ってくる方法もあります。「根拠はないけど、いいものだから使ってみて！」では、誰も買ってくれません。

② データ（実績）を盛り込む

> 男女80名に1カ月間使用していただいたところ、「期待以上にダイエットできた」が66％、「ほぼ期待通りにダイエットできた」が22％、「期待通りではなかったがダイエットできた」が9％と、実に97％の方から「ダイエットできた」との回答をいただきました。

> ○○大学の学生30名に3週間△△を実践いただきました。すると、「睡眠が深くなった」と回答した人が80％（24人）にのぼりました。

ユーザーから集めたデータは、商品（サービス）の信ぴょう性そのものです。 具体的な数字で結果を示すことで、「そんなに効果があるものなのか」と初めて納得する人もいます。

③ 権威のお墨つきをもらう

> 脳科学の世界的権威である○○氏は「▲▲トレーニングを行うと、脳の前頭前野が活性化するため、言語能力やコミュニケーション能力が高まる」と太鼓判を押しています。

> このマシンの愛用者である元プロ野球選手の○○さんから「引退後に103kgまで増えた体重が、約1年でベスト体重に近い78kgまで戻りました」と報告を受けています。

教授、学者、経営者、文化人など、その道の権威やスペシャリストにいただくお墨つきは、商品の信頼性を高めてくれます。

どこの誰かも分からない素人が「このサプリメントは偏頭痛の方におすすめです」と言っても、ほとんどの人が気に留めないでしょう。ところが、○○病院頭痛外来の名医である○○医師が同じことを言うと、「その道の権威が言うのだから、きっと効果があるのだろう」と納得してしまうものなのです。

食通で知られる芸能人が「このラーメン屋の味噌ラーメンは今年ナンバー1でした！」と言えば、思わず食べてみたくなるはずです。これもまた「権威」のパワーと言えるでしょう。

また、**好感度の高い著名人の推薦にも不思議な説得力があります**（心理学では「セレブ効果」と言います）。
仮に、前ページで紹介した元プロ野球選手のダイエット体験が、都内の会社に勤めるAさん（素人）のものだとしたら、ほとんどの人が興味を持たないのではないでしょうか。
「何を言ったか」よりも「誰が言ったか」が重要なのです。

なお、**テレビや新聞、ラジオなどのメディアに出演した（掲載された）実績も、商品の説得材料として有効です。**「NHKの情報番組○○で弊社サービス△△が紹介されました」という具合です。「名のあるメディアに取り上げられた＝権威に認められた」という証拠になるのです。

08 商品の説得材料を盛り込む ②（お客様の声）

　どんな商品（サービス）を売るときにも使えて、なおかつ高い訴求効果を期待できるのが「お客様の声」です。

> エレベーターがないマンション４階への引越しという悪条件のなか、また、蒸し暑い時期にもかかわらず、てきぱきと効率よく作業してくださり、ありがとうございました。
> ダメもとで、飼っていたカブトムシの幼虫の処理をお願いしたところ、二つ返事で快諾いただきました。これまで引越し屋さんに抱いていた無愛想なイメージがガラリと変わりました。
> また引っ越しをするときには○○運送さんにお願いしたいと思います。○○○○さん／33歳・東京都渋谷区

　引越し業者の案内に、こんな「お客様の声」が載っていたら、読む人は「親切な引越し屋さんだな」と思うのではないでしょうか。

　いくら引っ越し業者自身が「お客様のことを第一に考えて、心を込めて大切な荷物を運びます」と言っても、読む人の感情はさほど動きません。

　しかし、**実際にその商品を利用したお客様の体験談（お客様の声）であれば、抵抗感なく受け入れることができます。**なぜなら、「お客様の声＝第三者による客観的な評価」だからです。

「オレってすごいヤツなんだぞ」と自慢する人のことをすごいとは感じませんが、「○○さんってすごい人なのよ」と誰かがほめたとしたら、「へえ、そうなのね」と思うのではないでしょうか。それと同じ効果が「お客様の声」にはあるのです。

> もともと機械やコンピューターにめっぽう弱かったので、「ゼロからはじめるスマホ教室」に通わせていただきましたが、これが大正解でした。おかげ様で、日常生活で困らない程度にスマートフォンを使いこなせるようになりました。最近はLINEを始めましたが、娘や孫とのやり取りが楽しくて仕方ありません。苦手なインターネットにも挑戦してみようと思います。千葉県船橋市 ○○○○さん（73歳）

　いずれの例でも「お客様の声」を借りながら、かなり具体的にベネフィット（購入者が得る恩恵・利益）をアピールしています（※）。「お客様の声」が強力な説得材料となるゆえんです。「お客様の声」はひとりよりも、複数人あったほうが説得力は増します。さらに、お客様の声は匿名よりも実名がベターです。

　また、単に「よかったです」「便利でした」ではあまり参考になりません。どうよかったのか、利用前と利用後では何が変わったか、具体的な言葉を引き出せるよう、アンケートなどの質問項目に工夫を凝らしましょう。

※ 薬事法に絡む商品（サービス）の場合、お客様の声であっても効果効能をうたえないものもあります。

09 無意識下の問題やニーズに気づかせる

　自分自身が持っている問題やニーズに気づいていない人は少なくありません。気づいていない人に対して、その問題を解消する商品を紹介したところで、反応が薄いのは当然です。彼らには問題を抱えているという当事者意識がないので……。

　そういう潜在的顧客に訴求する方法のひとつが、「気づかせる（＝自覚させる）」です。

> 長引く咳でお困りではありませんか？

　こんな一文を読んだ瞬間に、「そう言えば、ここ1カ月ほど空咳ばかりしているかも……」と自分の症状に気づく人がいます。

　「そう言えば」という言葉の裏には、「あまり深くは考えていなかったけど、自分にはこんな問題があったのか」という気づきがあります。本人の問題意識（当事者意識）を引き出してから、「咳をしずめるハーブティ」を紹介すれば、気持ちが購買へと傾きやすくなります。

　「咳が長引いている」という自覚のない方に、「咳をしずめるハーブティ」を紹介しても、「とくに飲む必要がない」と思われるのが関の山です。それだけに、**無意識下に問題やニーズを抱えている人に対しては、自覚を促す言葉が有効なのです。**

> もう何年も使っていない不用品はありませんか？

　リサイクル業者のチラシにデカデカと書かれたこの文章を目にした瞬間に、「そう言えば、寝室のエアロバイクは、もう何年も使っていないなあ。あ、そう言えば、物置に壊れたストーブが置きっぱなしになっていたっけ」などと思う人もいるでしょう。
　無意識下にあるニーズを自覚したところで、「不用品の無料回収におうかがいします」というオファーを受ければ、「では、お願いしてみようかな」という流れになりやすくなります。

> 休日も疲れが抜けないお父さんへ。もしかすると、その原因は、ビタミンB1の不足にあるかもしれません。

　この文章のあとに、ビタミンB1が不足するとどうなるかという説明と、ビタミンB1不足を解消する商品の紹介があれば、慢性的に疲れを感じているお父さんは、この商品を試してみようと思うのではないでしょうか。

　「買わせる文章」を書く際には、まず、ターゲットが問題やニーズを自覚しているかどうかのリサーチが必要となります。
　もしも自覚が弱いようであれば、「買わせる文章」の序盤で、自覚を促すアプローチをしてみるのもひとつの手です。

10　商品の物語を語る

　人は物語に感情移入しやすい生き物です。テレビドラマや小説やマンガに夢中になるのも、そこに物語があるからです。

　人がオリンピックに感動するのは、競技そのものの面白さもさることながら、アスリート一人ひとりの物語に心を動かされるからではないでしょうか。**物語には理屈を超えて、人の感情を揺さぶるパワーがあるのです。**

　商品（サービス）にも同じことが言えます。商品の特徴・内容とは別に、そこに何かしらの物語が存在すると、ついその物語に目を向けたくなるのです。

【物語がもたらす効果】
① 感情が動きやすい
② 記憶に残りやすい
③ 口コミされやすい

　たとえば、子供たちに「コツコツ努力することの大切さ」を伝えたい場合、「努力が大切だ」と言って聞かせるよりも、「うさぎとかめ」の童話を聞かせたほうが、伝わりやすいでしょう。

　なぜなら、童話（＝物語）に感情が動かされるからです（①）。子供たちのほとんどが、大人になっても物語を覚えていて（②）、自分の子供にも同じ話をするかもしれません（③）。これが理屈を超える物語のパワーです。

❶商品へのこだわり　❷商品コンセプト　❸開発のプロセス　❹ベネフィット（購入者が得る恩恵・利益）　❺商品のネーミング　❻技術　❼デザイン　❽機能　❾歴史や伝統　❿販売方法　⓫ディスプレイ方法　⓬価格　⓭会社の信条／モットー　⓮社長や社員（スタッフ）の人柄

　これらはすべて物語になりうる種です（思った以上にたくさんありますよね？）。「この商品には特徴らしい特徴がない」「物語で語れるほど大層な商品ではない」と思っている場合も、❶〜⓮のような場所に種が眠っていないかよく考えてみましょう。

【物語なし】"甘くてホロ苦い"幻のコーヒーです。

【物語あり】知る人ぞ知る日本人コーヒーハンターが、エチオピアのアビシニア高原で、7年の月日をかけて探し求めた"甘くてホロ苦い"幻のコーヒーです。

　上記は「❶商品へのこだわり」や「❸開発のプロセス」の種から生み出した物語例です。「日本人コーヒーハンターが、エチオピアのアビシニア高原で、7年の月日をかけて探し求めた」という壮大な物語に引き込まれます。「そんなコーヒーなら飲んでみたい」と思う方もいるのではないでしょうか。
　どんな商品にも、ひとつやふたつは物語があるものです。どうしてもなければ、ゼロから物語を作り出す貪欲さも必要です。

> 【物語なし】実践的な英会話スクールです。
>
> 【物語あり】異国の街でふらりと入った食堂。店員さんから、その食堂でいちばん人気のメニューを聞き出して注文する。──そんなやり取りが自然とできる旅行者を育てる英会話スクールです。

　上記は「❷商品コンセプト」や「❹ベネフィット（購入者が得る恩恵・利益）」の種から紡いだ物語例です。
　物語を通じて見えてくるのは、この英会話スクールのコンセプトです。「このスクールで英語を学ぶと自分がどうなるのか」という未来も具体的にイメージできます。

> 【物語なし】このキッチン用洗剤○○を使えば、キッチン周りが明るくなります。
>
> 【物語あり】このキッチン用洗剤○○を使えば、コンロ周りのしつこい油汚れや、シンク内の水アカなどが根こそぎ取れて、キッチンが明るい雰囲気に。料理を作るお母さんからは、自然と笑みがこぼれます。

　「❹ベネフィット（購入者が得る恩恵・利益）」の種から生み出した物語例です。
　キッチン用洗剤のターゲット（主婦）であれば、自宅の汚いキッチンが見違えるほどキレイになり、上機嫌で料理をする自分の姿

を思い浮かべる人もいるでしょう。

❹の種で物語を作る場合、「ベネフィット（購入者が得る恩恵・利益）」が物語のゴール地点となります。ゴール地点があるということは、当然、スタート地点も存在します。

> 【スタート地点】コンロの油汚れ／シンクの水アカ
>
> 【ゴール地点】きれいなコンロやシンク／明るい雰囲気のキッチン／笑顔で料理をするお母さん

スタート地点とゴール地点のギャップが大きいほど、物語のパワーも大きくなります。 つまり、読む人の感情が動きやすくなります。

「○○できなかった」→「○○できるようになった」
「○○に悩んでいた」→「悩みが解消された」

このようなギャップが語れれば理想的です。
せっかく物語の種があるにもかかわらず、そこに気づかない売り手も少なくありません。これは、大変もったいないことです。なぜなら、**モノやサービスが飽和状態にある日本の市場では、物語で差別化を図る方法がたいへん有効だからです。**
あなたの商品には、どんな物語がありますか？　一度よく考えてみましょう。

11 その他のベネフィットを追伸する

　ウェブを含め、長めの文章が書ける媒体・ツールでは、終盤で読む人の購入を後押しする必要があります。その方法のひとつが、「その他のベネフィット（購入者が得る恩恵・利益）を追伸的に伝える」です。

　ある入浴剤の主たるベネフィットが「血行促進効果」だった場合、その他のベネフィット——たとえば、「ハーブの香りによるリラックス効果」「あせも、ひび、あかぎれの予防効果」など——を知ることで、お客様の「買う理由」が増えるのです。

> しかも、アロマハーブの香りによるリラックス効果や、あせもやひび、あかぎれなどを予防するスキンケア効果もあります。

　「血行促進効果」にピンとこなかった方でも、「リラックス効果」や「スキンケア効果」には興味を持ち、「それならば買おう」という気になるかもしれません。

　主たるベネフィットの訴求は、もちろん大切です。しかしそれは、「その他のベネフィットは、書かないほうがいい」という意味ではありません。**スペースに余裕がある場合は、その他のベネフィットを追伸することで、購入の確率を高めることができます。**

この考え方はさまざまなケースに応用できます。

　仮に、中華料理店のチラシを見たＡさんが「このエビチリおいしそうだなあ。でも今日は家から出られないからなあ……残念」と諦めかけました。ところが、次の瞬間、チラシの最後に書かれている次の一文が目に飛び込んできたらどうなるでしょう。

> ○○町と○○町と○○町に限り、出前も行っております。

　Ａさんは、思わず出前をお願いするのではないでしょうか。
　言い方を換えれば、もしも、この一文がチラシに盛り込まれていなければ、中華料理店はお客様をひとり逃していたのです。

> ■ なお、この商品は写真のカラー（青）以外にも、赤、緑、黄、グレーの４色を用意しております。
> ■ 品物の配送は、関東地方は無料、その他の地域は一律500円で承っております。
> ■ 母の日向けの特別包装をご用意しております。

　書き手が「こんな情報を盛り込んでも仕方がない」と勝手に決めつけてはいけません。どんな情報が、購入を迷っている人の後押しになるかは分からないからです。

　手元にそろえた情報については、必ず一度「この情報が、購入を迷っている人の背中を押すことはないだろうか？」と考えてみましょう。不用意な機会損失を防ぐことも、「買わせる文章」には必要です。

12 商品の保証・アフターサービスを書く

　私自身の体験です。先日、家庭用の健康機器を買おうか買うまいか迷っていたとき、店頭で対応してくれていた営業マンに「ちなみに、この製品には10年保証がついています」と言われ、気持ちが一気に購入へとなびきました（笑）。

　この出来事は、ひとつの真実を教えてくれています。それは、**保証やアフターサービスは、消費者が、その商品（サービス）を購入するかどうかの判断材料になり得る、**ということです。

■ ○○○では、安心して末永く商品をご愛用いただくために、お買い上げ日より2年間の保証をおつけしております。

■ 万が一、商品に不良があった場合、商品到着後6カ月間に限り、返品を受付致します。

■ 当スーパーで購入した生鮮食品に満足いただけなかった場合、1階サービスカウンターまで該当商品のレシートをご持参願います。購入金額を全額返金致します。

■ 5年の保証期間中、取り扱い説明書にそった正常なご使用状態で、万一、故障や不具合が生じた場合には、無料で修理を致します。メーカーの修理相談窓口までご連絡ください。

■ 当クラブでは、会員専用24時間・365日受付サポートコールセンターを設置しております。資産運用の相談等ございましたら、気軽にご連絡ください。

「30万円もしたのに、すぐに壊れたらどうしよう」「高い年間費を払ったのに、まったく上達しなかったらどうしよう」「もしも数年経って製品に不具合が生じたら修理してもらえるのだろうか？」……等々、購入を検討している方たちは、さまざまな不安を抱えています。

「不安＝購入に対する抵抗感」です。保証やアフターサービスには、そうした抵抗感を取り除く力があるのです。

また、保証やアフターサービスは、「この商品には絶対の自信を持っている」という企業の自信や、「お客様と末永くおつき合いさせていただく」という覚悟の現れでもあります。
つまり、保証やアフターサービスをつけることで、「商品を売って終わり」ではないことを宣言しているのです。

もちろん、商品が高額になるほど保証やアフターサービスの重要性は増します。ウン百万もするモノであれば、保証の記述だけでカタログの1〜2ページを割いてもいいくらいです。商品に不安や抵抗感を抱えた状態で、人は商品を買いません。

品質保証、返金保証、満足保証……等々、どういう保証やアフターサービスで安心を示せば、読む人の不安や抵抗感を取り除くことができるでしょうか？　ターゲットの心理心情を見極めたうえで、必要な保証やアフターサービスを提示しましょう。

第2章

新型ボールペンを文章で売る

13 ボールペンを売るにはどうすればいい？

　仮に、100人に対して、「このボールペンを買ってもらうための文章を200字以内で書いてください」というお題を出したとしても、同じ文章ができる確率はほぼ０％です。

　対象者を10倍の1000人にしても、おそらく確率は変わらないでしょう。それが文章というものです。

　同様に、1000人が書き上げた文章の訴求力も千差万別です。

　Aさんが書いた文章を読んで「このボールペンが欲しい」「このボールペンを買いたい」と感情を揺さぶられた人が、Bさんが書いた文章に対しては「ふーん、別にこのボールペンは買いたくない」と思ったりするのです。

　同じペンであるにもかかわらず、です。

これは何を意味しているのでしょうか？

　それは、**文章の書き方次第で商品（サービス）が売れるか売れないかが決まる**、ということです。

　第1章で解説した「買わせる文章」のセオリーを踏まえたうえで、第2章では、具体的に、ひとつの商品——ちょっぴりユニークなボールペン——を売るための文章作成プロセスを見ていきましょう。

　このプロセスを理解できれば、文章であらゆる商品（サービス）

を売ることができるようになります。

> **第1章の復習：「買わせる文章」の主要セオリー**
> ■ 商品の特徴を徹底的に洗い出す
> ■ 商品のターゲットを決める
> ■ ターゲットのニーズをつかむ
> ■ 商品のベネフィット（購入者が得る恩恵・利益）を書く
> ■ 商品のキャッチコピーを作る
> ■ 説得材料を盛り込む①（科学的根拠／実績／お墨つき）
> ■ 説得材料を盛り込む②（お客様の声）
> ■ 無意識下の問題やニーズに気づかせる
> ■ 商品の物語を語る
> ■ その他のベネフィットを追伸する
> ■ 商品の保証・アフターサービスを書く

　もちろん、これらすべてを盛り込まなくてはいけない、ということではありません。商品やターゲット、文章を書く媒体の特性、文章に割り当てられたスペースなど、状況に応じて取捨選択していきます。

　「買わせる文章」の主要セオリーをどう使えばいいのか？　あるいは、実際に自分の商品を売るときには、どう応用すればいいのか？　そんな意識を持って、次ページからの文章作成プロセスを読み進めてください。

14 【ボールペンを売る①】
特徴を徹底的に洗い出す

1本のボールペン。この商品を文章で売るためには、初めに、商品の特徴を徹底的に洗い出す必要があります。商品のウリを明確にするためにも、この作業を疎かにはできません。

① 超小型マッサージローラー付き高級油性ボールペン（商品名：リラスム）

② 最後尾にマッサージローラー付き

→ ローラー部にラジウムとゲルマニウムの微粒子を配合した特殊シリコン採用（遠赤外線効果がある）

③ 弱い筆圧でも滑らかな書き味

→ 低粘度のインクを採用

→ 筆記摩擦係数が、従来製品より50%減（超低摩擦）

④ 文字がかすれない

→ 黒色密度が、従来の油性インクの1.5倍に増加

⑤ 高級感あふれるアルミボディ（表面にスパイラルリング模様）

⑥ ラバーグリップ → 衝撃吸収ラバー素材採用（硬め）

⑦ 高級感のあるボディカラー

→ ガンメタ、シャンパンゴールド、ワインレッドの3色

⑧ ボール径は3種類

→ 0.5mm、0.7mm、1mm

⑨ 価格2800円

15 【ボールペンを売る②】ターゲットを決める

　リラスムは老若男女、誰でも買うことができます。

　とはいえ、「ターゲット＝誰でも」では、売れるものも売れません。数あるボールペンのなかで選ばれるためには、ターゲットを明確にしたうえで、彼らに適した訴求を行う必要があります。

　ボールペンの性能およびデザインやカラーは、高級ボールペンそのもの。また、マッサージローラーも、超小型ながらも、天然鉱石の微粒子を配合した超本格仕様です。これらのことからも、子供や学生が購入する商品ではないことが分かります。

　リラスムは「おもちゃ」ではなく、れっきとした「大人の文房具」。このことは 2800 円という価格にも表れています。

【メインターゲット】慢性的に疲れを感じている 30 〜 50 代の男性ビジネスパーソン

【サブターゲット】リンパマッサージや小顔マッサージに興味を持つ 30 〜 50 代の女性ビジネスパーソン

　慢性的な疲労や肩や首の凝りに悩んでいるビジネスパーソンは少なくありません。リラスムのメインターゲットは、そんな彼らです。彼らを「このボールペンが欲しい」という気持ちにさせることが「買わせる文章」に課せられた任務。その任務を果たすためには、一瞬たりとも彼らから目を離してはいけません。

16 【ボールペンを売る③】ターゲットのニーズをつかむ

　リラスムのターゲットである「慢性的に疲れを感じている30〜50代の男性ビジネスパーソン」は、ボールペンに対して、どのようなニーズを持っているでしょうか。

> ① 弱い筆圧でスラスラと文字を書きたい
> ② 文字がかすれないでほしい
> ③ ずっしりと重たく、書いているときに安定感が欲しい

　このようなニーズが考えられます（ほんの一例です）。リラスムであれば、①や②のニーズを満たす商品と言えるでしょう。

　しかし、リラスムの最大のウリは、「超小型マッサージローラー付き」です。世の中には、マッサージローラー付きボールペンが存在することを知らない人がほとんどではないでしょうか。
　したがって、この商品を訴求するときには、ボールペンに対するニーズではなく、健康面でのニーズをつかんでおきたいところです。リサーチをすれば、以下のようなニーズをつかまえることができるはずです。

> ■ 慢性的な疲れを解消したい　■ 肩や首の凝りをほぐしたい
> ■ ストレス太りを解消したい　■ ぼーっとしている脳をすっきりさせたい　■ ウツっぽい精神状態をなんとかしたい

17 【ボールペンを売る④】ベネフィットを書く

　リラスムを使うユーザーは、どのようなベネフィット（購入者が得る恩恵・利益）を得られるでしょうか？

> 【**機能的ベネフィット**】気軽に肩、顔、手のひらなどのマッサージができる／筋肉がほぐれる／血液やリンパの流れがよくなる
> 【**情緒的ベネフィット**】疲れが取れる／凝りが取れる／ストレスが解消できる／慢性疾患の予防になる／気分転換になる／仕事の効率が上がる／小顔になる／心身共に健康になる

　「マッサージローラー付き」という商品の特徴と、ターゲットが抱える（主に）健康面のニーズ、上記ベネフィットを勘案すると、次のような文章でベネフィットを伝えることができます。

> **ペン先の反対側に備えた超小型のマッサージローラー**は、**慢性的な疲労を抱えるビジネスパーソンに「癒やし」と「健康」をもたらす救世主。こまめな"ゴロゴロ"で気分転換上手になれば、仕事効率も格段にアップするはず！**

　商品の特徴（**青字**）だけでなく、ユーザーが得られるベネフィット（**黒太字**）を盛り込むことによって、訴求力がぐっと増します。
　「買わせる文章」を書くときには、どのベネフィットで訴求するのが理想か、ターゲットのニーズを慎重に見極めましょう。

第2章　新型ボールペンを文章で売る　53

18 【ボールペンを売る⑤】キャッチコピーを作る

　さて、リラスムには、どんなキャッチコピーがふさわしいでしょうか？　どんな言葉なら、彼らに「気になる！」「使ってみたい！」「欲しい！」と思ってもらえるでしょうか？　あなたも考えてみてください。

- ■ ボールペンでリラックスって……どういうこと？
- ■ ボールペンで味わえる極楽
- ■ 世界初！　リラックスできるボールペン！
- ■ １本で筆記もマッサージもこなすスゴいボールペン！
- ■ ビジネスパーソンを救う究極の文具登場！
- ■ 先端で仕事！　後端で休息！
- ■ ボールペン？　マッサージローラー？　どっちやねん！
- ■ カラダの凝りをほぐす革新ボールペン
- ■ 書くもヨシ、マッサージするもヨシ
- ■「カキカキ時々ゴロゴロ」で仕事にリズムを！
- ■ 書くだけのボールペンって、なんだかつまらない
- ■ ポケットに入るマッサージ機
- ■ 営業先で雑談ネタに困ったらコレっ！

　今回は利用しませんが、もしもボールペンの性能（滑らかな書き味）で訴求するのであれば、以下のような案が考えられます。

■ えっ、こんなに滑らかに書けていいの？
■ この滑らかさ、ボールペン革命！
■ 遅筆なあなたの救世主
■ やみつきになる、滑らか書き味
■ まさか自分がメモ魔になるなんて！
■ いつまでも書いていたい心地よさ
■ 速記者もうなる滑らかさ！
■ この滑らかさ、ギリ反則

　直感でポンと出てくるほどキャッチコピーは単純なものではありません。キャッチコピー同士の言葉を入れ替えたり、変形させたり、新たな言葉を足したり、ムダな言葉を抜いたり……と試行錯誤するうちに、「これは！」というコピーが生まれます。

　また、ユーザーから感想をもらう方法も有効です。場合によっては、ユーザーの口から出た言葉が、そのままキャッチコピーとして使えるケースもあるからです。

　いずれにせよ、1回でいいキャッチコピーを作るのは、たとえプロでも至難の業です。まずは、バリエーション豊かにいくつも案を出しましょう（詳しくは第5章で）。

キャッチコピーは「買わせる文章」の大黒柱とも言える存在です。なぜなら、通常、キャッチコピーは、もっとも目立つ場所に使われるからです。つまり、読まれやすいのです。

　キャッチコピーを目にした瞬間に興味を持つ人が続出すれば、商品（サービス）が飛ぶように売れる可能性もあります。

19 【ボールペンを売る⑥】説得材料を盛り込む❶

　この新参文具に「ただのおもちゃでは？」と懐疑的な目を向ける人もいるかもしれません。彼らの気持ちを購入へと傾けるには、相応の説得材料を盛り込んで「これなら、本当に健康になれそうだ」と納得してもらう必要があります。

【科学的な根拠を盛り込む】
気になるローラー部分には、ラジウムとゲルマニウムの微粒子を配合した特殊シリコン素材を採用。遠赤外線効果が肌細胞の深部へと浸透することで、全身の血行がよくなります。

【データ（実績）を盛り込む】
なんと、「大満足」と「満足」を合わせて 96％!!!（専用サイトで行った購入者アンケート調査より）

【権威のお墨つきをもらう】
予防医学の世界的権威○○○○氏が語る天然鉱石の効果！
「慢性疾患のほとんどは、その原因が体の冷え（血液の滞り）にあると言われています。一方、ラジウムとゲルマニウムなどの天然鉱石には、体を深部から温めて、血行を促進する効果があります。冷え性、婦人病、神経痛、アレルギーなど慢性的な症状の改善効果はもちろん、生活習慣病の予防効果も期待できます」

20 【ボールペンを売る⑦】 説得材料を盛り込む❷

　商品に疑心暗鬼な人たちには、「お客様の声」が有効です。お客様の声には、読む人の共感を誘う力があります。なかには、あたかも「自分が使っている」気持ちになる人もいます。読む人の感情が大きく動けば、購入に傾く確率も高まるはずです。

> こういう商品を探していました。見せかけのオモチャかと思いきや、このローラーの効果が実に本格的！　休憩中に首筋や手のひらをマッサージすると、カラダがほっこりして全身の凝りと疲れが取れます。営業先で必ず「何ですかそれは？」と聞かれるのも、このボールペンの魅力ですね。たわいもない雑談を交わすうちにお客さんとの距離が縮められるのでラッキーです。（35歳・医療機器メーカー営業部勤務、山田太一さん）

> 勤務中にマッサージ器具を取り出すわけにはいきませんが、リラスムはボールペンですので、後ろめたさがありません（笑）首筋のリンパの流れに沿ってローラーを転がすと、むくみと疲れが取れてスッキリします。アゴ周りのたるみ対策にも効果がありました。（28歳・家電メーカー総務部勤務、斎藤恵さん）

　なお、リラスムの商品特性上、こうした感想の最後には「個人の感想であり効果効能を保証するものではありません」という一文を添えておいたほうがいいかもしれません。

21 【ボールペンを売る⑧】 無意識下の問題やニーズに気づかせる

　前述の通り、超小型マッサージローラー付きボールペンの存在を知らないビジネスパーソンは大勢います。そんな彼らに次のような文章（本の引用文）を読ませたらどうなるでしょうか？

> 手のひらには、目、首、肩。消化器や呼吸器など、全身のあらゆる器官につながる末梢神経が、約17000本も走っています。それが集中している場所を「反射区」と言います。カラダの状態は、必ず手のひらの「反射区」に表れます。反射区を圧せば、対応する器官を自分の力で活性化することができるのです。(足利仁著『1日1分てのひらをもみなさい』（泰文堂）より)
> ＜反射区の場所が分かるイラストも掲載＞

　「手のひらの末梢神経、恐るべし」「本当に手のひらを押すだけでいいの？」「肝臓の調子もよくなるかな？」「今日から毎日、反射区を押すぞ！」など、さまざまな反応が得られるでしょう。
　では、この引用文に合わせて、リラスムを紹介したらどうなるでしょうか。反射区を押したい気持ちになっているので、即決で購入する人もいるかもしれません。

　もちろん、引用文を使うのは手法のひとつにすぎません。無意識下の問題やニーズに気づかせるアプローチはさまざまです。**読む人が思わず「ハっ！」とするような工夫を凝らしましょう。**

22 【ボールペンを売る⑨】物語を語る

　リラスムを買ってもらうためには、果たしてどのような物語が有効でしょうか。商品コンセプト、開発のプロセス、商品のネーミング……等々、物語の種は至るところにあります。

　今回は「慢性的に疲れを感じている30～50代の男性ビジネスパーソン」がターゲットなので、次のような物語はどうでしょう。

> 文部科学省疲労研究班の調査によると、15歳～65歳の56％が疲れ、39％が慢性疲労を訴えているのだとか。そのボリュームゾーンにいるのが30～50代の男性ビジネスパーソン。彼らこそが「世界一の慢性疲労大国」の中心的存在です。
> 不名誉な"世界一"の称号を得てもなお、グチひとつこぼさず一心不乱に働くニッポンの男たち。
> そんな彼らに、少しでも自分の心と体を労（ねぎら）ってほしい！　健康を取り戻してもらいたい！　そんな想いから生まれたのが、超小型マッサージローラー付きボールペン「リラスム」です。
> ボールペン最後尾に備えたシリコン素材の……＜以下続く＞

　おそらく、この物語に触れることで、リラスムに共感や愛着を覚える人もいるでしょう。「何だか自分のことを応援してくれているみたい……」と嬉しくなる人がいるかもしれません。

　このように、**物語には、理屈を超えて人の感情を動かすパワーがあるのです。**もちろん、購入へも結びつきやすくなります。

23 【ボールペンを売る⑩】
その他のベネフィットを追伸する

　最大のウリである「マッサージローラー付き」以外にも、リラスムには、「滑らかな書き味」「印字の濃さ」「高級感のあるデザイン＆カラー」など、細かいウリがいくつも存在します。

　文章を書くスペースに余裕があるときには、文章の終盤で、追伸的に「その他のウリやベネフィット（購入者がえる恩恵・利益）」を書いておきましょう。「追伸」に盛り込まれた情報が、購入を迷っていた方の背中を後押しするかもしれません。

なお、低粘度インクの採用したボールペンは、かつて味わったことのないほどスムーズな書き味を実現。インクの黒色密度が従来製品の1.5倍につき、文字のかすれも皆無です。

また、グリップ部に採用した衝撃吸収ラバーは、やわらかすぎない弾力で、指先に理想的なホールド感をもたらします。

さらに、ボディは高級感あふれるアルミ素材。表面にさり気なくあしらったスパイラルリング模様が気品を漂わせます。

ちなみに、ボディカラーは、重厚感のあるガンメタ、シャンパンゴールド、ワインレッドの3色を用意。突出した重厚感で、あらゆるビジネスシーンに対応します。

24 【ボールペンを売る⑪】 保証・アフターサービスを書く

　保証やアフターサービスを書くかどうかは、商品（サービス）の内容や価格にもよります。ボールペンで言えば、安価な商品には必要はないでしょうが、リラスム（価格 2800 円）クラスの商品であれば、書いておくメリットのほうが大きいでしょう。

> お買い上げから1年間は、メーカーの安心保証がついております（マッサージローラーの可動を含む）。

　仮に「もしもローラーが回転しなくなったらどうなるのだろう？」と不安に感じるような人でも、保証がついていることが分かれば、購入を決めるかもしれません。
　通販などでリラスムを売る場合は、下記のような記載をしておけば、購入を検討中のお客様に安心感を与えられるでしょう。

> 万が一、商品に不具合がございましたら、1週間以内に「お客様相談室」までご連絡ください。迅速に返品や交換の対応をさせていただきます。

> 商品の検品、保管、発送には細心の注意を払っておりますが、万一、商品の不備や弊社の過失などございましたら、商品到着後3日以内にご連絡ください。返品・交換などの送料は、弊社にて負担致します。

第2章　新型ボールペンを文章で売る　61

25 リラスムの「買わせる文章」を作る

　さて、最後にここまで紹介した①〜⑪の材料をもとに文章を作ってみます。もちろん、すべての材料を使わなければいけないわけではありません。掲載する媒体の特性や文章を書くスペースに応じて、臨機応変に材料を取捨選択していきます。

　下記は「買わせる文章」の一例です。

【商品名】
リラスム（超小型マッサージローラー付き高級油性ボールペン）

【キャッチコピー】（54ページ）
1本で筆記もマッサージもこなすスゴいボールペン！

【本文（物語）】（59ページ）
文部科学省疲労研究班の調査によると、15歳〜65歳の56％が疲れ、39％が慢性疲労を訴えているのだとか。そのボリュームゾーンにいるのが30〜50代の男性ビジネスパーソン。彼らこそが「世界一の慢性疲労大国」の中心的存在です。
不名誉な"世界一"の称号を得てもなお、グチひとつこぼさず一心不乱に働くニッポンの男たち。
そんな彼らに、少しでも自分の心と体を労（ねぎら）ってほしい！　健康を取り戻してもらいたい！　そんな想いから生まれたのが、超小型マッサージローラー付きボールペン「リラスム」です。

【本文（ベネフィット）】（53ページ）

ペン先の反対側に備えた超小型マッサージローラーは、慢性的な疲労を抱えるビジネスパーソンに「癒やし」と「健康」をもたらす救世主。こまめな"ゴロゴロ"でリラックスできれば、仕事効率も格段にアップするはず！

【本文（科学的な根拠）】（56ページ）

注目のマッサージローラーには、ラジウムとゲルマニウムの微粒子を配合した特殊シリコン素材を採用。遠赤外線効果が肌細胞の深部へと浸透することで、全身の血行がよくなります。

【本文（追伸1）】（60ページ）

なお、低粘度インクの採用より、かつて味わったことのないほどスムーズな書き味を実現。インクの黒色密度が従来製品の1.5倍につき、文字のかすれも皆無です。

【本文（追伸2）】（60ページ）

ちなみに、ボディカラーは、重厚感のあるガンメタ、シャンパンゴールド、ワインレッドの3色を用意。突出した重厚感で、あらゆるビジネスシーンに対応します。

【囲み記事（気づかせる）】(58ページ)

手のひらには、目、首、肩、消化器や呼吸器など、全身のあらゆる器官につながる末梢神経が、約17000本も走っています。それが集中している場所を「反射区」と言います。カラダの状態は、必ず手のひらの「反射区」に表れます。反射区を圧せば、対応する器官を自分の力で活性化することができるのです。(足利仁著『1日1分てのひらをもみなさい』(泰文堂）より)
＜反射区の位置を示すイラストも掲載＞

【お客様の声①】(57ページ)

こういう商品を探していました。見せかけのオモチャかと思いきや、このローラーの効果が実に本格的！　休憩中に首筋や手のひらをマッサージすると、カラダがほっこりして全身の凝りと疲れが取れます。営業先で必ず「何ですかそれは？」と聞かれるのも、このボールペンの魅力ですね。たわいもない雑談を交わすうちにお客さんとの距離が縮められるのでラッキーです。（35歳・医療機器メーカー営業部勤務、山田太一さん）

【お客様の声②】(57ページ)

勤務中にマッサージ器具を取り出すわけにはいきませんが、リラスムはボールペンですので、後ろめたさがありません（笑）首筋のリンパの流れに沿ってローラーを転がすと、むくみと疲れが取れてスッキリします。アゴ周りのたるみ対策にも効果がありますね。（28歳・家電メーカー総務部勤務、斎藤恵さん）

> **【保証について】**（61 ページ）
> お買い上げから半年間は、メーカーの安心保証がついております（マッサージローラーの可動を含む）。
> また、商品の検品、保管、発送には細心の注意を払っておりますが、万一、商品の不備や弊社の過失などございましたら、商品到着後３日以内にご連絡ください。返品・交換などの送料は、弊社にて負担致します。

　①〜⑪の材料から半分程度を使ってまとめてみました。チラシの一部に載せるような文章であれば、より内容をコンパクトにする必要があるでしょうし、リラスム専用のカタログに載せるのであれば、逆に、もっと詳しい情報を載せるべきでしょう。

　もちろん、あらかじめ、材料に優先順位をつけておくことは大切です。たとえば、スペースが限られているからといって、文面から主たるベネフィットを外してしまっては意味がありません。

　また、これは当然のことですが、広告・宣伝媒体では、デザインやロゴ、写真、イラスト、色、書体などとのトータルコーディネートが求められます。文章以外の「視覚的ポイント」にも力を注ぎましょう。

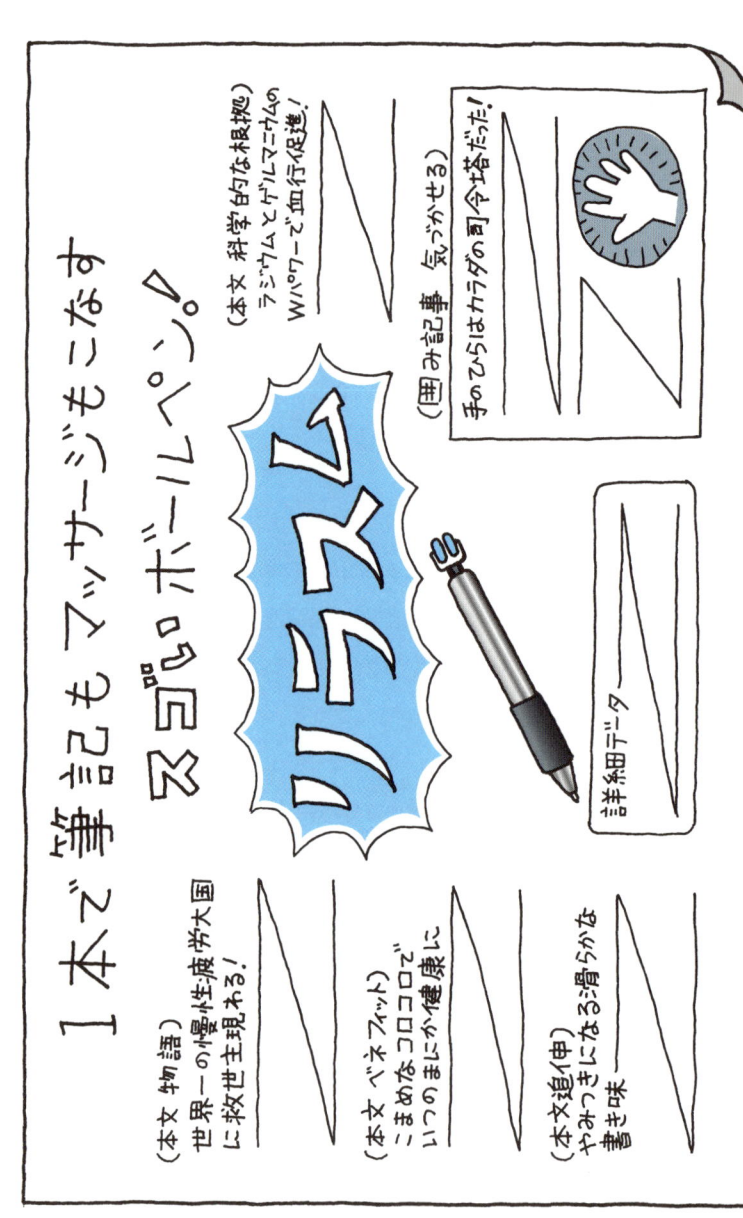

1本で"筆記もマッサージもこなす ヌルっとボールペン♪

リラスム

(本文 物語)
世界一の慢性疲労大国に救世主現わる!

(本文 ベネフィット)
こまめなコロコロでいつのまにか健康に

(本文 追伸)
やみつきになる滑らかな書き味

(本文 科学的な根拠)
ラジウムとゲルマニウムのWパワーで血行促進!

(囲み記事 気づかせる)
手のひらはカラダの司令塔だった!

詳細データ

第3章

買わせる文章の**テンプレート**

26 「買わせる文章」の基本の型

すべての「買わせる文章」はこの型から派生する

商品名

↓

キャッチコピー

↓

商品概要（ベネフィットを含む）

↓

ベネフィットの根拠を書く

↓

信頼性を高める

■ **商品名**：登山用ウォッチ「アルペンナビ」

■ **キャッチコピー**：あなたの登山を安全にマネージメント！

■ **本文**：「アルペンナビ」は、遭難やオーバーペースを含め、あらゆる不測の事態から登山者を守る多機能デジタルウォッチ。初心者からベテランまで、安心かつ安全に、また、ワクワク楽しい登山をサポートします。【商品概要】

「アルペンナビ」は、高度・気圧・方位などの計測機能が充実。ナビゲート機能を使えば、頂上との標高差や心拍数の推移から、頂上までの所要時間を予測することもできます。しかも、登山者の年齢や実績、その日の体調に応じた設定が可能です。【ベネフィットの根拠】

なお、内蔵されている３つのセンサー（圧力、気温、磁気）は、○○体育大学教授の○○氏監修のもと、電子計測研究所が開発した独自技術。高度8000万メートルでも正常な動作を確認しています。【信頼性】

＜以下、価格や購入方法など＞

　ターゲットが明確（登山愛好家）な商品ですので、ベネフィット（購入者が得る恩恵・利益）をストレートに紹介して、「こんな時計が欲しかった」と思ってもらえれば及第点でしょう。

　もちろん、掲載する媒体やツールに応じて、改行や空行を使って文章を読みやすくしたり、小見出しをつけたり、写真やイラストを絡めたりして、より伝わりやすくする工夫が必要です。

27 「悩み」の解決型

冒頭で「悩み」を示して直後に「悩み」の解決策を示す

商品名
↓
キャッチコピー
↓
不安や不快など「悩み」の存在を示す
↓
「悩み」の解決策を書く
↓
ベネフィットや信頼性を混ぜつつ商品（サービス）を紹介する
↓
まとめ

> ■ **商品名**：赤ちゃん粉ミルク用「純ベビーウォーター」
>
> ■ **キャッチコピー**：赤ちゃんのカラダが悲鳴をあげていませんか？
>
> ■ **本文**：この頃、赤ちゃんに飲ませる粉ミルクにミネラルウォーターを使う人が増えてきました。しかし、ミネラル含有量が多い「硬水」は、臓器が未発達な赤ちゃんには負担が大きく、胃腸を壊す原因にもなります。【悩みの存在】
>
> もしも、粉ミルクにミネラルウォーターを使うなら、ミネラル含有量が少ない「軟水」が理想です。【悩みの解決策】
>
> 屋久島の宮之浦流水をボトリングした「純ベビーウォーター」は硬度14の超軟水。余分なミネラルが含まれていないため、赤ちゃんに負担をかけることがありません。採水後に、特殊な殺菌フィルターでろ過するなど、安全性にも万全を期しています。【商品の紹介】
>
> 赤ちゃんの臓器が悲鳴を上げる前に、カラダにやさしい「純ベビーウォーター」をお試しください。【まとめ】
>
> ＜以下、価格や購入方法など＞

　このように、「悩み」を自覚していない人に対しては、できるだけ早い段階で「悩み」の存在を知らせる型が有効です。「悩み」を知った人たちの関心は、おのずと、その解決策へと向かいます。

　あとは、ベネフィット（購入者が得る恩恵・利益）や信頼性を提示しながら、ていねいに商品を紹介していきましょう。

28 「ワクワク」の提示型

便利、快適、楽しいなど「快」を見せて明るい未来を想像させる

商品名

↓

キャッチコピー

↓

便利、快適など「ワクワク」を示す

↓

商品（サービス）を紹介する

↓

商品の詳細を書く

↓

まとめ

■ **商品名**：腹筋トレーニングマシン「割れバラ」

■ **キャッチコピー**：1日1分、10回倒すだけで、お腹が割れる！

■ **本文**：「初めはぶよぶよだったお腹が、あれよあれよという間に割れてきて、3週間後には6パックが出現！ メタボ解消の域を超えて、ムキムキボディに足を踏み入れちゃいました〜。待っていろよ、夏のビーチ！」**【ワクワクを示す】**

――そんなおとぎ話のようなエピソードが、あるはず……あったんです！ 座ってカラダを倒すだけの新感覚の腹筋トレーニングマシン「割れバラ」がそれ。**【商品の紹介】**

ツインスプリングシステムを採用したこの画期的マシン。カラダを倒すときと起こすときに生まれる反発力によって、腹筋と背筋が同時に鍛えられます。しかも、床で行う腹筋運動と比較して、科学的に2.8倍のトレーニング効果が実証済み。1日にわずか1分程度、たった10回カラダを倒すだけでも、効果が得られる優れモノです。**【商品の詳細】**

仕事が忙しくて、なかなかジムに通えない"ちょいメタ"なあなた、「割れバラ」生活を始めてみませんか？**【まとめ】**

＜以下、価格や購入方法など＞

　商品（サービス）を使うことで得られる「ワクワク」を冒頭で見せることによって、読者の興味を一気に引きつける型です。

　とくに、ベネフィット（購入者が得る恩恵・利益）に含まれる「ワクワク」にインパクトや意外性がある商品に有効です。

29 いきなり商品紹介型

冒頭で商品を紹介する

商品名

↓

キャッチコピー

↓

商品を紹介する

↓

商品のベネフィットを示す

↓

商品の詳細を書く

↓

まとめ

■ **商品名**：水冷式冷風マシン「ひんやり水風」

■ **キャッチコピー**：扇風機でも冷房でもない、夏の新たな救世主！

■ **本文**：扇風機でもなければ冷房でもない、この夏の救世主「ひんやり水風」が誕生！　水が気化するときに発生する熱冷却を利用した新感覚の水冷式送風マシンです。**【商品の紹介】**
体の芯を冷やす冷房の乾いた風とも、扇風機の叩きつけるような風とも異なり、渓流のほとりで座っているような、自然な涼しさが味わえます。**【ベネフィット】**
使い方は簡単で３リットルタンクに水を注ぐだけ。風量は細かく５段階で設定でき、１～８時間のタイマー機能も装備。消費電力はレベル５（強）でも40W程度で、１時間利用しても電気代が約１円と経済的です。**【商品の詳細】**
エアコンや扇風機とは違う新感覚な「風」をお楽しみください。**【まとめ】**
＜以下、価格や購入方法など＞

　このように、商品自体に目新しさがあるときは、「登場、誕生、新発売」などの言葉を添えながら、冒頭で商品を紹介する方法もあります。

　また、今回は「風」にまつわるベネフィット（購入者が得る恩恵・利益）で訴求しましたが、もちろん、他にも、さまざまなベネフィットが存在します。たとえば、「室外機のないクーラー!?」という見出しと一緒に、環境面からベネフィットを訴求するアプローチなどもおもしろいかもしれません（ニーズがあれば）。

30 比較型

比較を用いて商品の価値を浮き彫りにする

商品名

↓

キャッチコピー（比較型）を書く

↓

A（成功例など）と
B（失敗例など）のエピソード

↓

AとBの違いの解説

↓

Aになるための方法提示
（商品紹介を含む）

■ **商品名**：「自然とモノが売れるキャッチコピーセミナー」

■ **キャッチコピー**：文章でモノが売れる人と、まったく売れない人。その違いとは？

■ **本文**：世の中には文章でモノが売れる人と、まったく売れない人がいます。つい先日、ふたりの人に、同一条件で同一商品のセールス文章を書いてもらいました。すると、1週間で4万8000円を売り上げたAさんの文章に対し、Bさんの文章は4800円の売り上げにとどまりました。【AとBのエピソード】商品購入者に聞き取り調査を行ったところ、両者の差がキャッチコピーにあることが判明しました。Aさんのキャッチコピーに「興味を持った」と答えた人が93％にのぼった一方で、Bさんのキャッチコピーでは、わずか26％にとどまりました。この差が売り上げ10倍差につながったのです。【AとBの違いの解説】つまり、文章でモノを売るためには、キャッチコピー力を鍛える必要があるのです。そこで、「〇〇起業塾」では、実力派コピーライターの山田太郎氏を講師にお招きし「自然とモノが売れるキャッチコピーセミナー」を開催することにしました。読む人のハートを鷲づかみにする〜【Aになるための方法提示】
＜以下、価格や購入方法など＞

　読む人に商品ベネフィット（購入者が得る恩恵・利益）を鮮明にイメージしてもらいたいときに、この「比較型」が重宝します。比較のギャップが大きく、また、比較に具体性があるほど商品の購入確率が高まります。

31 物語型

読む人の感情移入を誘う ハリウッド映画風物語の効力

キャッチコピー
（物語のタイトル）

↓

【試練】不安、不満、不遇など、「不」を抱える主人公の登場

↓

【出会い】「不」を解決する商品との出会い

↓

【克服】商品の詳細&ベネフィット

↓

【成長】「快」な未来を示す

> ■ **キャッチコピー**：頭皮のかゆみがうそのように消えた！
> ■ **本文**：長い間、頭皮のかゆみに悩まされてきました。初めは小さなプツプツができて「少しかゆい」程度でしたが、そのうちカサカサの頭皮がはがれ落ちるようになり、ひどいときは、1日中頭をかいていることも……。【試練／不を抱える主人公】
> そんなときに出会ったのが、100％無添加のヘルシーシャンプー「トゥーモ」でした。【出会い／商品との出会い】
> 使い始めて1週間もすると、頭皮のかゆみとカサカサが消えていき、今ではすっかり健康な頭皮に生まれ変わりました。何でも「トゥーモ」には無農薬栽培したヤシ油が使われているそうです。一方で、防腐剤、品質安定剤、香料などの添加物は一切使われていないと言います。【克服／商品の詳細＆ベネフィット】
> 頭皮の健康、そして、心と身体の健康のためにも、「トゥーモ」を愛用し続けていきたいと思います。【成長／快な未来】
> ＜以下、価格や購入方法など＞

　体験談（物語）を語るスタイルは、アフィリエイト（成果報酬型広告）目的で文章を書くときなどに使えます。商品紹介は、物語のなかで行います（冒頭で商品名を出さないのは、セールス文であることを悟られないため＝物語に集中してもらうためです）。

　また、メーカーが書く文章であれば、たとえば「＜トゥーモ＞開発の裏に隠されたある社員の想い」といった物語を用意することもできるでしょう。＜頭皮のかゆみに悩まされていたある社員 → 同じ悩みを持つ人たちをなんとかして救いたい！ → 製品開発に着手 → 試行錯誤のうえ完成させた＞という具合です。

32 カタログ&チラシ型

**情報を整理して
分かりやすく伝える**

商品名

↓

キャッチコピー

↓

商品（サービス）を説明する

↓

売りポイント①

↓

売りポイント②

■ **商品名**：スマホ用受話器「はさめーる」

■ **キャッチコピー**：受話器を肩に挟める幸せ……。

■ **本文**：スマホ用受話器「はさめーる」は、懐かしの黒電話を彷彿とさせるデザインが萌え！　本体部にスマホをセットするだけで、受話器を使うことができます。オフィスで使うもヨシ、自宅で使うもヨシ。あなたの電話生活を、より快適で楽しいものにしてくれるでしょう。【商品の紹介】

＜こんなケースで使える①＞仕事の電話中に「両手が使えたらいいなあ」と思うことはありませんか？「はさめーる」を肩に挟めば、電話をしながらメモを取ったり、パソコンのキーボードを打ったりできます。仕事の効率がグーンとアップするはずです。【売りポイント①】

＜こんなケースで使える②＞学生の皆さん！　自宅で友達と長電話をするとき、スマホが重たくて腕がだるくなることはありませんか？「はさめーる」があれば肩にも挟めるし、枕に挟んで寝転びながら電話をすることもできちゃう。友達との電話が今まで以上に弾むはずです。【売りポイント②】

＜以下、価格や購入方法など＞

　ポイントごとに目を引く小見出し（小さなキャッチコピー）をつけて、ターゲットの関心を引きつけましょう。商品ベネフィット（購入者が得る恩恵・利益）を分かりやすく伝えるのが、それぞれのポイントの役割です。もちろん、「売りポイント」は、3つ以上あっても構いません。

33　企画書・提案書

**上司や取引先に
GOサインをもらう**

企画タイトル
（キャッチコピーを含む）

↓

企画内容を書く

↓

企画の理由・根拠を書く

↓

企画の詳細や
企画実現時のメリットを書く

↓

企画を実現させるための
方法論（予算、人材など）を書く

↓

期日

■ **企画タイトル**：洗える夏用メンズジャケット「S-Rhythm」の"酷暑"連動インターネット広告の提案

■ **本文**：5月発売「S-Rhythm」の販促として、予想される今夏の"酷暑"に絡めたインターネット広告の展開を提案致します。【企画内容】
インターネット広告であれば、商品ターゲットである20～30代男性の目に止まりやすい（スマートデバイス利用率が高いため）。また、ビジュアル的に「酷暑＝汗だく」と「洗える＝涼しげ」の対比効果を打ち出すことができれば、○○サイトにて0.5％台のバナークリック率が見込める。【企画の理由】
0.5％台のバナークリック率が続けば、発売3カ月後（8月中）に、目標である夏用ジャケットのシェア35％が達成できる。【企画実現時のメリット】
"酷暑"ゆえにクリックしたくなる広告デザイン＆コピーを作成するにあたり、制作を青山のG-STYLEデザインに依頼。予算は～【方法論】
3月末日までに3パターンのバナーを作成。その後、テストを行ったのち、発売日より○○サイトへの出稿を行う。【期日】

　買わせる文章も、企画書の文章も、考え方は同じです。「企画＝商品」であり、「企画を通す＝企画を買ってもらう」です。
　もっとも、企画書の場合、企画書を読む人（例：社内決裁者）だけでなく、企画の対象者（例：S-Rhythmのターゲット）のニーズも、しっかりと把握しておかなければいけません。

第 **4** 章

人を引きつける文章の作り方

34 ブレットで読む人の興味を引く

　セールスレターのパーツのひとつに「ブレット」と呼ばれるものがあります。商品のベネフィット（購入者が得る恩恵・利益）を見やすく箇条書きにしたものがブレットです。

　ブレットの直訳は「弾痕（銃弾のきずあと）」。あたかも弾痕のように、読む人の心にベネフィットを刻みつけるのがブレットの役割です。

　注目してもらうために、ブレットの文頭には☑などの行頭文字を入れるのが一般的です。ブレットの数は2、3個では少々物足りません。だからといって、20も30もあると、ひとつひとつの項目のインパクトが薄まります。

　掲載する媒体やツールにもよりますが、セールスレターなどであれば、10個前後がぶなんなところでしょう。

この〇〇講座を受講すると、次のような効果が得られます
　☑人見知りやあがり症と決別できます
　☑自然な笑顔が出るようになります
　☑堂々と話すことができます
　☑自分のなかに、ゆるぎない自信が生まれます
　☑会話が途絶える心配がありません
　☑初対面の相手に好印象を与えられます
　☑相手から「えっ？」と聞き返されることがなくなります

> ☑大勢の前でのスピーチが苦にならなくなります
> ☑営業やプレゼンが楽しくなります
> ☑会社や家族の人間関係がよくなります

　こうして列挙されると、ひとつやふたつは、「気になる」「自分に関係がある」と感じるものがあるのではないでしょうか。

　たとえば、「営業やプレゼンが苦手で困っている」という人であれば、「☑営業やプレゼンが楽しくなります」というブレットに反応するでしょう。反応する項目が多いほど、商品購入へと気持ちが傾きやすくなります。

　文章の細部まで、ていねいに読むことを精読と言います。セールス系の文章の場合、その商品によほど興味を持っていない限り、読む人が精読することはありません。ざっと読み流しながら、気になるポイントで目を留める、という方がほとんどのはずです。

　逆に言えば、**いかにして文中に「気になるポイント」を作れるかが勝負どころ。**このときに使えるのが、視覚的に注意を引きやすいブレットなのです。

　もちろん、ブレットは、セールスレターにしか使えないものではありません。チラシからカタログ、個人の名刺まで、あらゆる販促・宣伝媒体に応用することができます。

　たとえば企画書。「新企画○○で得られる７つの成果」という見出しとともに、ブレット風に成果を書き出せば、同じ内容を本文に書くときよりも、読まれる確率が何倍にも高まるはずです。

35 安さの訴求は「イメージしやすさ」と「安さの理由」で

　にぎわったデパ地下などを歩いているとき、燻製専門店から店員の威勢のよい声が聞こえてきました。「安いよー、安いよー！」。

　しかし、いくら「安い」と連呼されても、あまり「買いたい」気持ちになりません。では、次のかけ声だったらどうでしょう。

> ◯「安いよー。無添加ドライフルーツ、ひと袋500円のところ、3袋お買い上げのお客様には **1000円ぽっきり** でご奉仕！」

　「3袋＝1000円」という具体的な言葉につられて、思わず声のするほうへ顔を向けてしまうのではないでしょうか。

> ✕「安いよー。無添加ドライフルーツ、ひと袋500円のところ、3袋お買い上げのお客様には **30％以上の値引き** を行います！」

　値引きの内容は先ほどと同じですが、このかけ声には、あまり興味を持てません。なぜなら、「30％以上の値引き」と言われても、具体的にイメージできないからです。**人はイメージできないものに対して興味を抱きにくい**ものなのです。

　これは文章にも言えることです。いくら安さをアピールしても、読んだ人がその安さをパッとイメージできなければ、「お買い得」という気持ちになりません。

> × 生ビール半額！　　○ 生ビールが半額、1杯150円！
> × 今なら入会金無料！　○ 今なら入会金9000円が無料！
> × GW緊急値下げ！　　○ GW緊急値下げ8000円→5500円！

　このように、**具体的な言葉（安さをイメージしやすい言葉）を使うだけで、読む人の購買意欲が刺激されやすくなります。**

　なお、「具体的な言葉を使う」以外にも、**「比較」を使って、安さをイメージさせる**方法があります。

> 行政書士に依頼した場合、最低でも20万円はかかりますが、○○をご利用いただければ、10万円を超えることはありません。

> 通常、業者にホームページ制作を依頼したときの費用は50〜100万円が相場と言われています。一方、弊社のブログのカスタマイズサービスは、一律7万円で承っております。

　商品単体の価格にはピンとこなかった方でも、このような比較を見せられることで、価格の価値（安さ）に気づきやすくなります。

> 決算期につき、約30%OFFとなる39,800円でご提供します。

　このように、価格（安さ）の理由を明確にするのも、ひとつの方法です。理由が分かれば納得できる人もいるからです。

36 五感を刺激するシズルを書く

ステーキを売るな、シズルを売れ！

エルマー・ホイラーという経営アドバイザーの有名な言葉です。シズル(sizzle)とは、ステーキを鉄板で焼くときの「ジュ〜ジュ〜」という音のことです。

「シズルを売れ」とは、鉄板でステーキを焼くときの匂いだったり、したたる肉汁だったり、「ジュ〜」という音だったり、消費者がおいしさをイメージできる方法で訴求せよ、という意味です。

写真の世界では、「被写体の魅力が伝わる」という意味で「シズル感」という言葉が使われています。

たとえば、焼肉屋さんでメニューを見たときに、生肉のかたまりがドンと置かれていても、あまり食欲は湧きません。しかし、肉汁を飛び散らせながら、鉄板の上で豪快に焼かれるステーキの写真を見せられたら、がぜん食欲がかき立てられます。

文章にも同じことが言えます。飛び散る肉汁や匂いを読む人にイメージさせることができれば、興味を持たれやすくなります。

① 甘くておいしいメロンです
② 口のなかでジュワっと甘さが広がるメロンです

食べたくなるのは②ではないでしょうか。

「シズル」の正体は、読む人の五感（視覚、聴覚、嗅覚、触覚、味覚）を刺激する表現力です。**シズルには、読む人の頭に鮮明なイメージを浮かび上がらせるパワーがあるのです。**

× 冷たくて苦いチョコアイス
○ ヒヤッととろけて苦みが広がる大人好みのチョコアイス

× 露天の湯に入って夢気分
○ 露天の湯にザバーっと浸かってじんわり夢気分

× 弾力のある10代のような肌
○ プル〜ンとハジける10代のような肌

× バニラ風味の香ばしいコーヒー
○ 豊かな田園を思わせる香ばしさと、コクのあるバニラ風味が絡み合うコーヒー

五感を刺激する表現のひとつに、ワクワク、じゃんじゃん、サクサク、ぬるぬる、シャキっと、ズバっと、サクっと……等々、**擬音語（生物の声や無生物の出す音を表す語）や擬態語（動作・状態などを音で象徴的に表現する語）を使う手があります。**

また、「レモンを絞ったようなさわやかな匂い」「生まれたての子犬のような愛くるしさ」という具合に、読む人がイメージしやすい形容詞を使って五感を刺激することもできます。

37 Q&Aで読者の不安を取り除く

　商品（サービス）の購入を検討しているとき、消費者は常に不安を抱えています。商品について、価格について、保証について……等々、小さな気がかりが購入をためらわせることもあります。

　読者の不安を取り除く方法のひとつが、「Q&A」です。ターゲットが不安に思っていること、疑問に感じていることを事前にリサーチしておき、「質疑応答」という形で「買わせる文章」に盛り込むのです。

> **Q**：施術に通う期間はどれくらいでしょうか？
> **A**：健康状態やケガの状態、痛みの具合などによって施術期間は異なります。1回の施術で痛みがやわらぐ方もいれば、2～3回通ううちに少しずつ症状が解消へ向かう方もいます。慢性的な症状になると、施術に数カ月を要する人もいます。当院では、症状改善までのスピードではなく、完治と再発防止を念頭に施術を行っています。あせりは禁物です。じっくり確実に健康な体を取り戻しましょう。

　仮に鍼灸に通おうか迷っている人であれば、このようなQ&Aを読むことで少し安心するのではないでしょうか。
　ターゲットが「聞きたい」「知りたい」と思っていることの答えが「A」に書かれていれば、購入や契約の確率が高まります。

> **Q**：オール電化はイニシャルコスト（初期費用）が高くありませんか？
> **A**：おっしゃる通り、電気とガスを併用したスタイルと比較すると高く感じられるかもしれません。しかし、家庭内に熱源を持たないオール電化機器は劣化が少なく、長持ちするのが特長です。たとえば、電気温水器であれば、20年以上使用しているご家庭も珍しくありません。また、キッチンのスス汚れがなく、油汚れも減少するため、リフォームのスパンが長くなります。月々の光熱費が安く抑えられる他、火災のリスクが低いのもメリットです。オール電化は、長期的に見て経済的であると言えます。

この「Q&A」を読んだ人のなかには、「オール電化のイニシャルコストは高い＝デメリット」という思い込みを手放す人も出てくるはずです。

　このように、**ネガティブな質問に対して、納得力を持たせながら、ていねいかつ誠実に回答できれば、読む人の不安を取り除くことができます。**

本文は読まなくても、「Q&A」には目を通す人も少なくありません。なぜなら、「Q&A」には、お客様が知りたいと思っている情報が書かれている可能性が高いからです。

逆に言えば、お客様にどうしても伝えたい情報があるときや、購入に対する消費者の抵抗感を取り除いておきたいときには、あえて「Q&A」の形でアナウンスするのも手です。

38 ベネフィットを「ビフォーアフター」で語る

　ベネフィット（購入者が得る恩恵・利益）を伝えるときには、お客様の「ビフォーアフター」を語るという方法があります。

　ダイエット商品の広告などでよく見かけるのが、体験者のビフォーアフターの写真です。

　たとえば、スカートの上にぜい肉をデンと乗せた女性が、3カ月後にぜい肉のない「くびれ体型」に大変身する、というもの。写真には「3カ月でウエスト、マイナス7センチ！」というデータも添えられています。

　なかには「本当なの？」と疑わしいものもありますが（笑）、それでもビフォーアフターを載せる意義は小さくありません。

　なぜなら、「使用前 → 使用後」の変化を目の当たりにした人の頭のなかで、得られるベネフィットが鮮明になるからです。

　もちろん、ビフォーアフターは文章でも見せられます。

> 高2のときに偏差値41だったある男子生徒が、7カ月後の全国模試で偏差値69にアップ。今年、晴れて東大に合格しました。

　ビフォーアフターは、「ギャップ」を見せる手法のひとつとも言えます。ギャップは「変化」や「成長」と言い換えてもいいでしょう。ギャップが大きいほど、商品の効果や魅力が際立ちます。

ビフォーアフターを読んだ人は、おそらく、その効果を自分自身に置き換えて、「自分のウエストが３カ月で７センチ減った姿」や「自分の偏差値が劇的にアップする姿」を想像するでしょう。つまり、頭のなかでベネフィットの追体験が起きるのです。

> 赤字続きで閉店寸前だったラーメン店が、「飲食店○○プログラム」の内容を実践したところ、３カ月後に売り上げが3.5倍に。今では開店前から行列ができる人気店になりました。

> 練馬区にある○○幼稚園の給食で、この「ごまケチャ・ドレッシング」を試してもらったところ、なんと、サラダの完食率が、以前より３割もアップしました。それまで野菜嫌いだった子供たちが、進んでサラダを食べるようになったのです。

　いずれの例も、「使用前 → 使用後」のギャップが明確です。読む人は、否が応でも商品のベネフィットを実感するでしょう。
　また、ビフォーアフターは、それ自体が物語でもあるため（38ページ参照）、読む人が興味を持ちやすく、共感もしやすいのです。

　商品（サービス）によっては、ビフォーアフターを盛り込むだけで、ばんばん売れていくものもあるはずです。
　魅力的なビフォーアフターがあるにもかかわらず、それを有効活用しないのは、売るチャンスをみすみす逃しているようなもの。「使用前 → 使用後」の変化は、買わせる文章の特効薬と心得ておきましょう。

39 読む人の疑問に先回りして答える

「買わせる文章」を書くときには、「読む人の疑問や質問にしっかりと答える」という意識が大切です。

実店舗であれば、お客様の疑問や質問に、その都度、店員が対応することができます。

ところが、文章の場合は、読む人の目の前に、書いた本人はいません。当然ながら、読む人が何か質問をしたいと思っても、質問することはできません。

たとえば、腰痛持ちの人が、家具屋さんのウェブページを閲覧中に、「腰痛持ち向けのイス」が気になったとします。「もし本当にこの持病が治るなら欲しいかも……」と興味を持ったら、どんな情報が知りたくなるでしょうか。

- ■ どうして腰痛に効果があるのか？
- ■ どんな腰痛にも効果があるのか？
- ■ 実際に腰痛が改善した人が、どのくらいいるのか？
- ■ 商品写真にはキャスターがついているが、これは取り外せるのか？
- ■ 座面の高さは変えられるのか？
- ■ 決済方法は？
- ■ 保証はついているのか？
- ■ 自宅まで配送してくれるのか？

こうした質問の答えが、あらかじめ文章に盛り込まれていれば、この方がイスを購入する可能性は高くなります。

> この「コシらくチェア」は、日本人の体形と腰痛持ちの方の特性を徹底的に分析しながら、5年の月日をかけて開発した商品です。

　「このイスは日本人の体形にも合うのかな？」と疑問に感じていた方であれば、このような文章が書かれていることで「なるほど、それなら安心だね」と納得するでしょう。

> 現在この「コシらくチェア」を利用しているユーザーのうち86％が、効果を実感しています。（※）

　「本当に腰痛に効果があるの？」という疑問を持っている方には、このような文章が響くかもしれません。

　とくに商品が高額になるほど、人は購入に対して慎重になります。「損をしたくない」「だまされたくない」という不安が芽生えるからです。文章を読んでも、その不安が消えなければ、おそらく、購入には至らないでしょう。
　だからこそ、彼らの**不安を払拭する情報を盛り込む必要がある**のです。「備えあれば憂いなし」の格言は、「買わせる文章」にも通じます。「備え＝読む人の疑問に先回りして答える」です。

※薬事法により効能・効果をうたえない商品については、法律を確認のうえ、表現方法には十分に注意しましょう。

40 「不を維持する代償」を伝える

　商品（サービス）のなかには、不便、不快、不安、不満……など、人々の「不」を解消するために生まれたものが多くあります。

> **【どのような「不」から商品（サービス）が生まれたか】**
> ① 日光で肌が焼けてしまう(不快、不満) → 日焼け止めクリーム
> ② 運動不足、体調不良 (不満、不快、不便) → スポーツクラブ
> ③ 集客につながらない (不便) → 企業向けのホームページ作成
> ④ 食害が怖い (不安) → 無添加野菜

　たとえば、①の日焼け止めクリームであれば、日焼けをしたくない人のために生まれた商品です。したがって、買わせる文章では「日焼けをしない」「美肌で注目される」など商品のベネフィット（購入者が得る恩恵・利益）を訴求するのが王道です。

　ただし、ベネフィットを語るだけは興味を持たれにくいケースもあります。そういうときは、不を維持すると（日焼け止めを使わずに生活し続けると）、この先、どのような結果が待ち受けているかを伝える方法が有効です。

> 肌が大量の紫外線を浴びると、表皮への色素沈着が起き、シミやソバカスができやすくなります。また、皮膚の老化が進む他に皮膚癌や白内障を誘発することもあります。

このように、**「不を維持する代償」を自覚してもらうことで、潜在的顧客の背中を押すことができます。**なかには、こうした文面を目にして、初めて自分の「不」に気がつく人もいるでしょう。

> 【不を維持する代償の一例】
>
> **スポーツクラブ**
> 「運動不足が続く」→「メタボになる」→「生活習慣病になる」
>
> **企業向けのホームページ作成**
> 「ホームページがない」→「消費者との接点ができない」→「売り上げが上がらない」
> 「チラシなどの広告費がかさむ」→「その割に広告の効果がない」→「売り上げが上がらない」
>
> **無添加野菜**
> 「添加物を取り続ける」→「免疫力や治癒力を下げる」→「不調や病気の原因となる」

　「不を維持する代償を伝える」とは、既存の状態に警鐘を鳴らすことです。それだけではありません。警鐘を鳴らすと同時に、商品の価値にも気づいてもらうというテクニックです。

　もちろん、警鐘を鳴らすからには、それなりの根拠がなければいけません。根拠がない（弱い）と、読む人に「うさん臭い」「納得できない」とそっぽを向かれかねません。

　根拠を書くときには、論理の破綻や飛躍に注意して、「AはBである」というような分かりやすい文章を、ていねいに積み上げていきましょう。

41 弱点・欠点を書く＋リカバリー力を発揮する

　もしも、自分が販売する商品（サービス）に何かしらの弱点や欠点がある場合、あなたはどちらを選びますか？

① 弱点・欠点を隠して書く
② 弱点・欠点を隠さずに書く

　①を選んだ方は注意が必要です。この商品には、確実に弱点があるわけですから、それを隠したところで、遅かれ早かれバレてしまいます。その点において消費者は馬鹿ではありません。
　消費者が購入後に弱点を知った場合、「故意にだました」と思われて、トラブルに発展する危険性もあります。果たして、そこまでリスクを犯して商品を売る必要があるでしょうか。

いずれ消費者に知られる弱点・欠点は、あえて事前に開示することで、消費者の共感や信頼を勝ち取ることもできます。

> この物件の最大の欠点は、○○駅から徒歩20分という立地かもしれません。

　セールス文の欄外に、読めないほど小さな文字で「○○駅から徒歩20分」と書かれているよりも、上記のように、弱点・欠点を堂々と示してくれたほうが、読む人は安心するのではないで

しょうか。隠し事をしない姿勢に誠意を感じる人もいるでしょう。

しかも、この一文（弱点・欠点）は、次のような文章を書くことで、いくらでもリカバリーできます。

> しかし、駅周辺では得難い静寂こそが、このマンションの最大の魅力。日ごろ忙しいビジネスパーソンにとって、かけがえのない「オアシス」となるでしょう。周囲には芝生が広がる○○公園がある他、人の手が加えられていない自然も残っています。都会の雑踏からあえて距離を置いたこのオアシスで、疲れを癒やし、本来の自分を取り戻してみてはいかがでしょう？

このように「駅から徒歩20分の物件」という弱点は、その後の文章の書き方次第で、「本来の自分を取り戻すオアシス」へと様変わりするのです。これこそが「リカバリー力」です。

> この「快眠○○枕」は、普段横向きやうつ伏せで寝られている方には、ほとんど効果がありません。【弱点・欠点を示す】
> しかし、仰向けに寝られている方であれば、首に負担をかけない特殊○○形状が▲▲に作用し、今お使いの枕よりも格段に深い眠りを得られるでしょう。【弱点・欠点のリカバリー】

もちろん、消費者が気にもとめない小さな弱点・欠点をあえて開示する必要はありませんが、隠すことで消費者が間違いなく不利益を被る情報は、事前に開示したほうが賢明です。隠すのではなく、リカバリーに力を注ぎましょう。

42 親しみを感じさせる

あるパーティに参加したら、たいして好きでもなかった歌手がきていて、気さくに握手とサインに応じてくれた。「なんだ、とてもいい人じゃない」とファンになってしまう。ついCDを買ってしまう。こういうケースはよくあることです。

選挙期間中に立候補者が有権者に握手を求めるのも、できるだけ親しみを感じてもらうためです。AKB48の握手会なども、実施する理由は同じでしょう。

人は相手（会社や商品を含む）に親しみを感じると、比較的抵抗感なくモノを購入するようになります。

文章の場合はどうでしょう。**読む人と同じ視点や価値観を盛り込むことで、親しみを感じてもらいやすくなります。**

たとえば、山形県内で配布するチラシのキャッチコピーに「なぜそうなの？」と書かずに「なしてんだなや？」と山形弁を書く。山形県人であれば、自分たちだけに向けられたこの言葉に、きっと親しみを感じてくれるでしょう。

> 弊社がここ八王子に本社を構えてから30年。この街のためにどんな貢献ができるか、それだけを考え続けてきました。

八王子在住者であれば、地元目線で書かれたこの文章に親しみ

を感じるのではないでしょうか。「WE LOVE 八王子♥」——こんなコピーが、会社の看板やチラシ、カタログ、DM、名刺、公式サイトなど、あらゆる場所に使われていたら、おのずと「この会社は地元に目を向けた会社なんだな」と認識するでしょう。

個人でビジネスをしている人であれば、自己開示をすることで親しみを感じてもらいやすくなります。自己開示とは、自分の情報（感情、経験、人生観など）を他者に言葉で伝えることです。

たとえば、お堅いイメージのある弁護士が、自身のホームページに次のようなプロフィールを載せていたらどうでしょう。

> 趣味はＪリーグ観戦とアウトドアキャンプ。テニスが好きな妻と、ダンスに夢中な13歳の娘、それに、子犬のパピヨン（名前はモンたん）の3人＋1犬家族です。

親近感を覚える人もいるのではないでしょうか。仕事とは無関係のプライベート情報からは、弁護士自身の素顔、人柄が伝わってきます。安心感を抱いて、「何かあったらこの弁護士さんにお願いしよう」と思う人もいるかもしれません。

もちろん、なかには「プライベートな情報は載せたくない」という方もいるでしょう。しかし、事情はどうあれ、お客様が「人柄や人間性」を知りたがっているようなら、そのニーズに応えることも「相手本位」です。自己開示によって得られるリターン（＝お客様が感じる親しみ）に目を向けましょう。

43 限定感を打ち出す

- ■ 期間限定　■ 人数限定　■ 品数限定　■ 地域限定
- ■ 限定生産　■ 会員限定　■ 限定モデル

人には「限定されると欲しくなる性質」があります。

「限り」を突きつけられることで、読む人に「手に入りにくい」「この機会を逃したら、もう二度と買えないかもしれない」「他の人にとられてしまうかもしれない」という緊張感が生まれ、かえって購買意欲がくすぐられるのです。

仙台では「萩の月」、北海道では「白い恋人」という具合に、その地域にしかない名産品を購入する人は少なくありません。**「そこでしか買えない」という限定感が商品の希少性を高めるのです。**

逆に、地域限定品だったものを全国販売に切り替えたところ、人気が急下降する事例も多く見られます。

不思議なもので、人は「どこでも（いつでも）買える」と分かると、「それなら、今買わなくてもいいや」という気持ちになりやすくなります。その結果、商品の価値が下落してしまうのです。

- ■ 売り切れ御免！　今後この商品の入荷予定はありません。
- ■ 本日で販売終了となりますのでお急ぎください。
- ■ このストラップは、コンサート会場のみで販売しております。

いずれも、暗に、「今ここで買う理由」を消費者に伝えています。こうしたアナウンスを目にした人は「買わないともったいない／後悔するかもしれない」という気持ちになりやすいのです。

- クリスマス限定のディナー＆宿泊プラン
- 1日15食限定のチーズ七味ラーメン
- 10時〜11時でタイムセールを実施！　全品30％オフ
- スポーツカー○○○、150台の限定生産決定！
- 1月20日開催の○○セミナー、限定5席のVIP席！
- 冬季限定、ホワイトスノーチョコレート発売
- 毎月5日、15日、30日の3回のみ入荷します
- 22日（土）と23日（日）の2日間限定、スパ使い放題！
- ファンクラブ会員限定のツアーTシャツ完成
- シニア（60歳以上）限定の格安温泉プラン
- 個室に限り完全予約制です
- メルマガ読者限定リポートをリリース
- 300セット限定の無料お試しサンプル

こうした限定感は、「買わせる文章」を書くうえで重要な武器のひとつです。もちろん、キャッチコピーにも使えます。

ただし、いつもいつも「限定感」のアピールでは逆効果です。消費者に「あの店は毎週のように限定セールを行っている」と思われた時点で信用を落としてしまいます。「限定感」の使いすぎと煽りすぎには、くれぐれも注意しましょう。

44 「特典」で特別感を打ち出す

　日本人は特典が好きです。あなたも「ご来店いただいた皆さまには、特典として○○をプレゼントします」といった文章を目にして、思わずそのお店を訪れた経験があるのではないでしょうか。

　最近は、書店で付録付きの雑誌を見かける機会も増えました。「700円の雑誌でバックがもらえるなんてお得かも」と付録欲しさに雑誌を購入する人もいます。

　付録もまた「特典＝特別感」です。**特典には、抗おうにも抗えない不思議なパワーが秘められているのです。**

　もちろん、「買わせる文章」を書くときにも、このパワーを利用しない手はありません。

■ ○○記念！　今なら来場者全員に○○をプレゼントします！
■ ツアー参加者とアルバム購入者に特典としてライブDVDを差し上げます。
■ ご宿泊特典として、3000円分のQUOカードを差し上げます。
■ 登録特典として、○○オリジナルマグカップをプレゼントします！
■ 車検3カ月前予約特典！　車検が切れる3カ月前にご予約いただくと、エンジンオイル無料交換チケットを差し上げます。

入会特典、購入者特典、契約特典、参加特典、予約特典、早割特典、申込み特典、紹介者特典、初回生産特典、追加特典、来場者特典、鑑賞特典、入塾特典、モニター特典、継続特典、発売特典、登録特典、利用特典、受講特典、リピート特典

このように、世の中にはさまざまな特典が存在します。

ただし、**「特典をつければ売れるだろう」という考え方は危険です。**世の中には特典があふれているため、ちょっとやそっとの特別感では、ありがたみを感じられません。

せっかく特典をつけるのであれば、消費者が「えっ、こんな特典をつけちゃって、本当に大丈夫なの？」と逆に心配してしまうくらいのものをつけるといいでしょう。

商品同様、特典でも必要なのが、ターゲットの心理心情の見極めです。彼らに圧倒的な価値と驚きを与えましょう。

> × 先着30名様に○○をプレゼント致します。
> ○ 今回、スポンサーのご好意により、先着30名様に○○をプレゼントできることになりました。

このように、ひと言「スポンサーのご好意により」と理由を添えるだけでも、読んだときに受ける印象が変わります（お得感がよりアップします）。

特典の内容のみならず、特典の価値までしっかりと伝えられれば「買わせる文章」としては及第点です。

第4章 人を引きつける文章の作り方 107

45 最後に「行動を促す言葉＋行動することで得られるメリット」を書く

　読み手に行動を起こさせる簡単なテクニックがあります。それは、**文章の最後に「行動を促す言葉を書く」**ことと、**「行動することで得られるメリットを書く」**ことです。

　ラブレターで「僕とつき合ってください」と書いたときと何も書かなかったときでは、どちらがつき合ってもらえる可能性が高いでしょうか？　答えは、行動を促した前者です。
　この理屈は、あらゆる文章＆シチュエーションに通じます。

> 今週末22日、23日は、ぜひ○○住宅展示場にお越しください。

　住宅展示場のDMの最後に、このような文章（行動を促す言葉）をつけ加えるだけで、読む人が行動を起こす確率が高まります。

> 今週末22日、23日は、ぜひ○○住宅展示場にお越しください。ベテランのスタッフが、新築や建て替え、住宅ローンなどのご相談を承ります。

　このように、「行動を促す言葉」に続いて、「行動することで得られるメリット」を書けば、行動を起こす人はさらに増えるでしょう。

> 【行動を促す言葉の例】
> ■ 今すぐお電話ください。
> ■ 24時間お電話を受けつけています。
> ■ 締め切りは本日21時までです。専用フォームからお申込みください。
> ■ 同封したハガキをご返信ください。

> 【行動することで得られるメリットの例】
> ■ すぐに弊社スタッフがご説明にうかがいます。
> ■ 待ち時間なしで○○をご体験いただけます。
> ■ その場でお見積をお出し致します。
> ■ 来店時に○○をプレゼント致します。

　電話番号は載せてあるから、電話をしたい人はかけてくるだろう、と考えるのは書き手の思い込みにすぎません。

　人は思った以上に行動しません（本当に！）。電話番号が書かれてあっても、そこに電話しようとは考えません。

　「今すぐお電話ください」と書かれているのを読んで「ああ、電話してもいいのね」と気づくものなのです。

　あるいは、無意識下で彼らは「行動してヨシ」という許可証の発行を待っている、とも言えます。そうだとしたら、書き手が、彼らに許可証を発行しない手はありません。「行動を促す言葉を書く＋行動することで得られるメリットを書く」——たったそれだけの許可証で、得られる結果が大きく変わるのです。

46 重要なポイントをくり返す

　さっき一度書いたから、読む人は分かってくれているだろう……。こうした考えは禁物です。よほどのことがない限り、人は文章を読んでも、次の瞬間には忘れてしまうものだからです。

　ウェブ上のセールスページなど、**書くスペースに余裕がある場合は、伝えたいメッセージをくり返し書く方法が有効です。**

> この話し方講座では、週に1度、講師の添削が受けられる特典がついています。プロの目で厳しくチェックしてもらうことで、話し方の技術が磨かれていきます。
>
> ↓
>
> 自分の話し方の傾向を知るには、第三者からチェックを受けるのが一番です。本講座の「添削特典」を積極的に活用すれば、あなたが理想とする話し方に最短距離でたどり着くでしょう。
>
> ↓
>
> 本講座の添削特典を活用した受講生からは「添削特典のおかげで、営業の現場で緊張することがなくなりました」「添削いただいたポイントに注意して婚活パーティに参加したところ、気に入った相手とデートの約束をすることができました」など、喜びの声を多数いただいております。

　くり返し書くといっても、同じ言葉をくり返すオウム返しでは、読む人に「くどい」「しつこい」と思われてしまいます。

この話し方教室の例のように、表現に変化をつけながら、あるいは視点を少しズラしながら、読む人にじわじわとメッセージを浸透させていきましょう。

> ■ 言い方を換えるなら〜
> ■ 先ほども書きましたが〜
> ■ くり返しになりますが〜
> ■ くどいかもしれませんが〜
> ■ 念のため（確認のため）くり返しますと〜
> ■ 最後にもう一度だけ言っておきますと〜

　状況次第では、このような言葉を使って「くり返し」をアピールしてもいいでしょう。何度も言われることによって、読む人は「ここがポイントなのね」と気づくからです。

重要なポイントをくり返し書く方法は、「モノを買わせる文章」のみならず、「人を動かす文章」にも使えます。
　企画の重要な点を理解してもらいたいとき、社内メールで注意を喚起したいとき、企業理念を社員に浸透させたいとき、あるいは、誰かに何かしらのラブコールを送るときにも……。

　くり返しになりますが（←使ってみました・笑）、人は一度言われたくらいでは、なかなか理解できない生き物です。強調しておきたいポイントがあるときや、「まだ伝わっていないかも……」と感じたときは、くり返し書くことを検討してみましょう。

第4章　人を引きつける文章の作り方

47 具体的な言葉を使う

■ 抽象的な言葉 → イメージしにくい＝興味を持ちにくい
■ 具体的な言葉 → イメージしやすい＝興味を持ちやすい

　抽象的な言葉と具体的な言葉には、このような特徴があります。
情報過多な時代のなかで自社商品（サービス）を選んでもらうためには、具体的な言葉で興味を持ってもらう必要があります。

　仮に、あなたが、高校生の息子の塾を探していた場合、次の①と②のどちらの文章に興味を持つでしょうか。

> ① 未来の扉をたたく若者を応援します
> ② 早慶上智を目指す現役高校生に「合格の仕方」を伝授します

　②は①を具体的な言葉に置き換えたものです。興味を引かれるのは②ではないでしょうか。①の「未来の扉をたたく若者」や「応援します」は、言葉が抽象的すぎてピンときません。

> 【抽象】未来の扉をたたく若者 →
> 　　　　　　　　　　　【具体】早慶上智を目指す現役高校生
> 【抽象】応援します →　【具体】「合格の仕方」を伝授します

　言葉を具体的にするだけで、訴求力が格段にアップします。

> 【抽象】経験豊富な整体師
> 【具体】これまでに8000人以上に施術してきた整体師

> 【抽象】柔軟なバックアップ体制
> 【具体】お電話1本、24時間いつでも駆けつけられる体制

> 【抽象】たいへん人気です！
> 【具体】1日100食以上出る当店のNo.1メニューです！

> 【抽象】広告の相談はお気軽に
> 【具体】チラシやDMの反応を高めたい方はメールで気軽にご相談ください

　いずれも具体的な言葉のほうが興味を引くはずです（数字や固有名詞も積極的に使っています）。抽象的な言葉の場合、読む人が「自分事としてとらえにくい」というデメリットがあります。

　大企業が打つ広告には「聞こえのいい（抽象的な）言葉」が多く使われています。しかし、それが通用するのは、会社の認知度や商品の浸透力が高く、広告の露出も大きい大企業だからです。そもそもの目的が「買わせる」ではなく、「企業のブランドイメージ向上」というケースも少なくありません。

　もしも、**あなたが大企業の一員でないのであれば、「聞こえのいい言葉」でなんとなく雰囲気を伝えるのではなく、読む人が興味を持てるように具体的な言葉を使いましょう。**

48 数字を上手に活用する

　数字の重要性については、折につけ触れてきました。ここでは、その一歩先、「数字の活用法」についてお伝えします。

　数字というのはおもしろいもので、「どう使うか」によって、文章の説得力や、読む人に与える印象が大きく変わります。

> ① 日本では、1年間に約2万7000人が自殺しています。
> ② 日本では、1日に約74人が自殺しています。

　①と②は同じことを言っています。どちらがいい悪いではありませんが、多くの方が、1日約74人という数字にリアリティを感じるのではないでしょうか。イメージしやすいからです。

> ③ 日本では約19分30秒に1人のペースで自殺が発生しています。

　少し工夫を凝らせば③のような言い方もできます。読んだ人は、①や②よりも「深刻な状況」だと感じるのではないでしょうか。

> × 20代の独身女性10名にアンケートを実施したところ、8人に美白効果が認められました。

　このようなデータは文章の説得力を高めたいときに有効です。

ただし、調査対象者が10名であったことを公表するのはいかがなものでしょう。なかには「たった10名では調査の規模が小さすぎるのでは？」と思う人もいるかもしれません。

> ○ 20代の独身女性にアンケートを実施したところ、80％に美白効果が認められました。

　調査対象の人数を伏せると同時に、パーセント（％）の表記を使いました。このように、数字は割合で示すこともできます。

> ○ 当店では前年比200％の売り上げを達成しました。

　「200％」といっても、売り上げ1500万円 → 3000万円と、150万円 → 300万円では、規模が違います。**実際の数字を出すよりもパーセントで示したほうがインパクトを出せるようなら、パーセントでの表記を検討したほうがいいでしょう。**

　売り上げが「一昨年500万円 → 昨年1500万円 → 今年3000万円」であれば、「前年比200％の売り上げ」ではなく、「2年間で600％の売り上げ」と書いたほうがインパクトを出せます。これもまた数字の使い方のひとつです。

　せっかく数字を使っても、「たいしたことがない」と思われては意味がありません。数字の効果を最大限に引き出すためには、どういう使い方（見せ方）をすればいいか、よく考えましょう。

49 冗長な文章は、百害あって一利なし

■ 意味がつかめず、つい読み返してしまう
■ 読んでいてイライラする
■ どこがポイントなのかがよく分からない

　これらの原因の多くは、要領を得ない冗長な文章にあります。冗長な文章は、読む人にストレスを与えます。

> ✕ 柔らかすぎるクッション性に優れたベッドだと、体を横たえたときの状態で長いあいだ固定されやすくなってしまうために、寝返りの回数がどうしても少なくなってしまいます。一方、硬すぎるベッドを使うと、ベッドと接する体の面積が減ることによって極端に圧力がかかり、ベッドに接している体の部位に痛みが生じてしまうために、適度な硬さのベッドを使って寝るときよりも、寝返りの回数がどうしても多くなります。

　冗長な文章で、要点が頭に入ってきません。読み終えたときに「で、何が言いたいの？」と思ってしまいます。

> ○ 柔らかすぎるベッドだと、寝たときの状態で体が固定されやすいため、寝返りが少なくなります。一方、硬すぎるベッドの場合、ベッドと体の接地面積が減少。体にかかる圧が大きく痛みが出やすくなるため、寝返りが多くなります。

3割以上文字を削って、文章を簡潔にしました。この文章であれば、内容も頭に入ってきます。修正ポイントは下記の通りです。

> 【ムダに長い言葉を削った】
> 「固定され**やすくなってしまうために**」→「固定され**やすいため**」など
> 【なくても意味が通じる言葉を削った】
> 「クッション性に優れた」「長いあいだ」「回数が」「どうしても」「使うと」「適度な硬さのベッドを使って寝るときよりも」など。
> 【言葉のダブりをなくした】
> 「ベッドと接する体の面積が減ることによって極端に圧力がかかり、ベッドに接している体の部位に痛みが生じてしまうために」→「ベッドと体の接地面積が減少。体にかかる圧が大きく痛みが出やすくなるため」
> 【分かりづらい言葉を言い換えた】
> 「体を横たえたとき」→「寝たとき」

　有益な情報を書いているにもかかわらず、それが読む人に伝わらないとしたら、実にもったいないことです。伝わらなければ、当然、人の心は動きませんし、購買意欲も湧きません。
　買わせる文章の理想は、中学生でも理解できるくらい「分かりやすい文章」です。分かりやすい文章を書くためには、言葉のムダをなくして、平易で簡潔な文章を心がける必要があります。
　難しい専門用語は、原則として使わない。もし使うときは、かみ砕いた説明を添えるようにしましょう。

50 タイプ別にアプローチする

　どんな言葉に心を動かされるかは、人間のタイプによって異なります。同じ言葉でも、ある人には響いて、ある人には響かないことが珍しくありません。

> ① 儲かります
> ② 自由な生活が手に入ります
> ③ 毎日ワクワクしながら過ごせます

　①〜③の言葉のどれに興味を持つかは、人それぞれでしょう。

　つまり、**文章で人の心を動かしたいのであれば、読む人のタイプを事前に把握しておくといいのです。**

> 【タイプ別、反応しやすいもの】
> ① 論理的思考タイプ：データ、根拠、実績、機能、効率、数字、固有名詞
> ② 感情優位タイプ：ストーリー、五感・感性をくすぐる言葉、想像力をかきたてる言葉、感動、喜怒哀楽
> ③ 不安優位タイプ：不安を自覚させる言葉、苦言、叱咤、脅し
> ④ 好奇心旺盛タイプ：新しさ、楽しさ、画期的、もの珍しさ、ユニークさ、流行
> ⑤ 損得勘定タイプ：利益、お買い得、金銭的価値、付加価値、ステータス、儲かる、稼げる、権威、保証、特典、確証

仮に、シューズを買おうと考えているランナーであれば、タイプ別に、反応しやすい文章例は次のように異なります。

> ① 論理的思考タイプ：ランナーの **100人中93人が効果を実感！** **吸汗性と速乾性に優れた**新開発の**高機能メッシュ素材**
> ② 感情優位タイプ：シューズ内の**汗ムレを抑えて、**ランニング中も**ベタつきなし。**いつまでも**さわやかな履き心地**が持続します
> ③ 不安優位タイプ：湿気がこもるランニングシューズは**水虫の温床**です！　**雑菌も多く、悪臭の原因**にもなります
> ④ 好奇心旺盛タイプ「**見た目はまるでデニム生地のよう。**ランニング後に、**そのまま街へくり出してもOK！**
> ⑤ 損得勘定タイプ：**本日より3日間**。最新機能 "エアリフォーム" 搭載シューズを**価格30％オフでご提供**

　もっとも、人間のタイプは、完全に分けられるものではありません。また、商品（サービス）によっては、ターゲットのタイプを特定しにくいものもあるでしょう。そういうケースでは、あえてすべてのタイプに響く言葉を盛り込むという方法もあります。

　あなたの商品のターゲットは、①〜⑤のどのタイプに属しているでしょうか（属している人が多いでしょうか）。一度よくリサーチしてみましょう。タイプの傾向がつかめれば、彼らを "退屈させない" のみならず、つい食い入るように読んでしまう文章が書けるようになります。

第4章　人を引きつける文章の作り方

51 媒体やツールに応じて書き方を変える

　いったん文章を書き上げたら、あらゆる媒体で使い回せばOK――と言いたいところですが……、実際のところ、そううまくはいきません。

　なぜなら、媒体・ツールにはそれぞれ特性（長短所）があるからです。**「買わせる文章」を書くときには、使う媒体・ツールの特性を見極めながら、文章を書き分ける必要があります。**

【媒体・ツール別特性（一部）】

	訴求対象			文章の賞味期限			読み手との接触状況		
	全国	地域	個人	長期	短期	瞬時	受動	能動	偶発
POP			○			○	○		○
DM			○		△	○	○		
雑誌広告	○	△			○		○	△	
ウェブ	○	○	○	○				○	△
チラシ		○	△		△	○	○		
メルマガ			○		△	○	○	△	
ブログ	○	○		△	○			○	△

> **【店頭に置かれているPOP】**
> **訴求対象**：個人　　　　　**賞味期限**：瞬時
> **接触状況**：受動・偶発

　POPの場合、たまたまその店を訪れたお客様が、そこに書かれている文章を読んだ瞬間に「あれ、おもしろい商品だな」と興味を持つように、あるいは、「おっ、この商品が欲しい！」とひと目ぼれするように、工夫を凝らしておく必要があります。

> **【ウェブ上のセールスページ】**
> **訴求対象**：全国・地域・個人　　**賞味期限**：長期
> **接触状況**：能動

　ウェブ上のセールスページであれば、商品の詳細をていねいに書いて、見込み客の信頼を勝ち取る必要があります。
　また、購入に対する抵抗感を取り除いて、「購入ボタン」をクリックするところまで分かりやすく誘導しなければいけません。もちろん、ファーストビュー（※）で読む人の興味を引きつけて、最後まで読ませ切る展開力も必要です。

　媒体やツールの特性をよく理解しておけば、ピントのズレた文章を書くリスクが減り、より結果が出やすくなるはずです。文章の使い回しには、ぐれぐれも注意しましょう。

※ユーザーがアクセスした際に最初に目に入る部分のこと。スクロールしないと表示されない部分はファーストビューには含まれない。

52 「買わせる文章」「動かす文章」は自問自答の結集だ！

　文章を書く力とは、「自問自答」する力と言い換えてもいいかもしれません。とりわけ「買わせる文章」において、「自問自答」する力は極めて重要です。

　「自問自答」で力を注ぐべきは「自問」です。なぜなら、「自問」は、自分がしたい質問をするのではなく、読む人の代わりに行うものだからです。

　この商品について、お客様たちはどんな質問をしてくるだろうか？　それを考えることによって、文章に盛り込む材料が棚卸しされていきます。独りインタビューのようなイメージです。

【商品名：ほっこり非常食セット】

自問：通常の非常食セットとどう違うのですか？

自答：簡単に使える加熱キットが入っています。

自問：火を使うのですか？

自答：いいえ。付属の加熱袋に薬剤を投入するだけで、すぐにお湯が沸きます。この袋を使ってリゾットやお茶を温めていただきます。

自問：食料はどれくらい入っていますか？

自答：大人1人が72時間生存するために必要な量が入っています。具体的には、チキンリゾット300g×1袋、ポテトサラダ缶1個、防災クラッカー1缶、ミネラルウォーター500ml×2本などです。食料の他にホイッスルとペンライトも入っています。

自問：なぜ72時間なのですか？

自答：災害発生から72時間が経過すると生存率が急激に低下するというデータがあるからです。

自問：袋の大きさは？　また、重さはどれくらいですか？

自答：縦40×横25×厚さ10cmです。リュックなどにも入るコンパクトさです。重さは小学生でもムリなく運べる1.5kgです。

自問：水に濡れたらどうなりますか？

自答：袋は完全防水仕様になっています。浮力もありますので、水没することもありません。また、袋には反射シールがついていますので、暗闇でも見つけることができます。

> **自問**：保存期間はどれくらいですか？
>
> **自答**：5年の長期保存が可能です。

　自問自答で大事なのは、お客様の代弁ができているかどうかです。お客様の代弁をするには、徹底してお客様の気持ちを考えなければいけません。

　質問に答えられないようであれば、その段階で調べるなどして、答えを出す必要があります。

> **自問**：生存を目的とした非常時に、わざわざ温かい食べ物が食べたい人などいるでしょうか？

　やや批判めいた質問ですが、この質問にきちんと答えられれば、商品の信頼性が高まります。

> **自答**：温かい食べ物を食べる目的は、身体を温めるためです。真冬に被災したときなどは、身体を温めることによって、凍死のリスクを減らすことができます。また、温かい食べ物は精神を前向きにする作用もあります。

　いかがでしょう。「生存を目的とした非常時に、わざわざ温かい食べ物が食べたい人などいるでしょうか？」という鋭い質問に答えることによって、「加熱キット」の真の価値が見えてきました。

　もしも、この鋭い自問ができなければ、「身体を温める大切さ」

について、文中に盛り込めなかったかもしれません。つまり、読む人に商品の魅力が伝わらず、売れない商品になっていたかもしれない、ということです。

　鋭い質問は、ときに重要なことに気づかせてくれます。質問をするときには、少し意地悪になって、厳し目の質問をぶつけてみましょう。いわゆる5W3H（※）のなかでも、とくに**「Why（なぜ）」や「How（どのように）」を使った質問は、深い答えを引き出したいときに有効です。**

　自問自答のプロセスは、企画書や提案書、プレゼン資料などを作るときにも有効です。
　いつも企画が通らないという方は、上司や取引先から「○○ってどういうこと？」「なぜ○○だと言い切れるの？」「どうやって○○を達成するの？」という具合に、指摘を受けることが多いはずです。
　なぜ、そうした指摘を受けるかというと、企画書を作成するときに、自問できていないからです。自分で質問できなかったから、他人に質問（指摘）されてしまうのです。
　自問自答を済ませて作った企画書は、読む人が知りたい情報を網羅した、いわば「穴のない企画書」です。どちらが採用されやすいかは言うまでもありません。

※：物事を正確に伝える際に用いる8つの確認事項のこと。When（いつ）、Where（どこで）、Who（誰が）、Why（なぜ）、What（何を）、How（どのように）、How many（どのくらい）、How much（いくら）の8つ。

53 読む人の反応を決める

　文章を書く前に、読む人の反応を必ず決めてください——これは、私が研修やセミナーで必ずお伝えしていることです。

　「東大に入る！」と決めた受験生と「東大に入れたらいいなあ」という受験生では、どちらが合格する可能性が高いでしょうか？
　答えは前者です。なぜなら、結果を決める（ゴール地点を決める）ことによって、脳が「どうすれば東大に入ることができるか？」という方法を具体的に考え始めるからです。

文章を書くときにも、このゴール地点を決める（＝読む人の反応を決める）という意識がたいへん重要です。

> **【読む人の反応の例】**
> ■ 企画書 → この企画を採用しよう
> ■ 提案書 → この提案を受け入れよう
> ■ 商品のチラシ → この商品が欲しい
> ■ サービス案内の DM → このサービスを利用しよう
> ■ 店内の POP → これを買おう

　読む人の反応を決めるもうひとつのメリットは、読む人の視点が得られる点にあります。「この企画を採用しよう」と反応する人の気持ちに入り込むことで、彼らがどんな言葉や情報を求めているかが見えてくるのです。

POP の作成で考えてみましょう。

Sさんと Y さんが商品の POP を書きました。Sさんは、読む人が「この商品が欲しい！」と興奮する姿をイメージして文章を書きました。一方の Y さんは、読む人の反応を決めずに、漠然と「誰かが買ってくれたらいいなあ」と考えて書きました。

この場合、実際に商品がよく売れるのは S さんの POP です。なぜなら、読む人の反応を決めた S さんは、どうしたらイメージ通りの反応が得られるか、具体的な方法を考えるからです（下記は一例）。

■ どういうキャッチコピーをつければ興味を引くか？
■ どういうアプローチで訴求すれば買いたくなるか？
■ 何を書けば、納得（共感）してもらえるか？

一方、Y さんには、そもそもゴール地点がありません。お客様が POP を見て商品を買うかどうかは運任せ。運任せですから、読む人の気持ちを考えることも、文章に工夫を凝らすこともありません（＝相手本位の欠如）。これでは、当然、結果にも結びつきません。

読む人の反応を決めるか、それとも、運任せにするか。どちらを選ぶかによって、書いた文章の結果に大きな差が生じます。

読む人の反応を決める書き方は、クルマのナビに目的地をセットするようなもの。ゴールへたどり着く確実な方法です。

54 推敲に力を注ぐ

「買わせる文章」が書けない方に共通するひとつの特徴に、「推敲（すいこう）が甘い」という傾向があります。

「推敲」とは、文章を吟味して練り直すこと。つまり、結果が出ない人は、文章を書きっぱなしにしてしまっているのです。

プロの作家やライターで推敲をしない人はほとんどいません。むしろ、**文章で結果を出しているほど推敲に力を入れています。** 彼らは「一度で完ぺきな文章はできない」「推敲するほど文章の質が上がる」ことが分かっているのです。

【推敲時に意識する 15 のポイント】

① 読む人の立場に立てているか

② 知りたい情報が過不足なく盛り込まれているか

③ 情報に誤りはないか

④ メッセージは伝わっているか

⑤ 読みやすい見た目になっているか

⑥ 納得できる内容になっているか

⑦ 流れはスムーズか

⑧ ムダな言葉・言い回しを使っていないか

⑨ 読者が1回で理解できる文章になっているか

⑩ 読者の興味を引く工夫を凝らしているか

⑪ 不快に思う人はいないか

⑫ 読者に誤読される恐れはないか

⑬ 誤字脱字はないか

⑭ 文法は適切か

⑮ マナー（薬事法など）は守れているか

ところで、推敲はどれくらいすればいいのでしょうか？

私の場合、2、3回で済むときもあれば、10回、20回とくり返すときもあります。基準は回数ではなく、「納得するまで」です。

文章の書き方ひとつで結果が変わるのですから、ここで手を抜く理由はありません。**読む人の気持ちになって、彼らが「この商品を買いたい」と思うまで磨き上げましょう。**

なお、一度は、印刷した状態で推敲を行いましょう。

なぜなら、印刷した用紙を見ると、意識が「書き手」から「読み手」に切り替わるからです。「読み手の意識」で推敲することで、パソコン上では気づかなかった欠点や間違いが見えてきます。

推敲までに少し時間をおく方法もおすすめです。数日〜1週間ほど時間をおければ理想ですが、それが難しいときでも、数時間はおくようにしましょう。頭がリセットされ、意識が「読み手」へとスイッチしやすくなります。

推敲するときは、読む人の気持ちになって、できるだけ厳しく自分の文章にツッコミを入れていきます。「それは本当か？」「根拠は？」という具合です。間違っても書き手を甘やかしてはいけません。ツッコまれた箇所を真摯に改善していけば、「買わせる文章」で得られる効果を最大化できるはずです。

55 「PDCA」で「買わせる文章」の精度を高める

「買わせる文章」を書くうえで、結果の検証と文章の改善は不可欠です。たとえば、ウェブ上に商品の販売ページを作成したものの、アクセスの数ほど購入に結びついていない……。このような場合、もしかすると文章に問題があるかもしれません。

- ■ 商品の魅力が伝え切れていない
- ■ 購入者のベネフィット（得られる恩恵や利益）が分かりづらい
- ■ 訴求がターゲットのニーズにマッチしていない
- ■ 表現方法が適切でない
- ■ 説得材料が少ない（弱い）
- ■ 購入までの導線や購入方法に不備がある

いずれも売れない原因として考えうるものです。ところが、原因を特定しない人（会社）も少なくありません。「思ったより売れなかったね」で終わらせてしまうケースです。なかには「商品に魅力がないからだ」と責任を転嫁する人もいます。これでは、いつまで経っても「買わせる文章」は書けません。

なぜなら、「買わせる文章」は、一度で完ぺきに仕上げられる魔法の文章ではないからです。もちろん、いろいろと原則やセオリーはありますが、それらも万能ではありません。

「買わせる文章」を書く際は、一度出た結果を検証したうえで、盛り込む内容や表現方法を改善していくことが大切です。

初めから複数の文章を用意して、どの文章の反応がいいか、テストできれば理想です。しかし、時間や予算をあまりかけられない、という方もいるでしょう。そうであれば、なおさらに、売れなかった原因を突き止めて、文章を改善しなければいけません。
　業務プロセスの管理手法として使われる「PDCA」が「買わせる文章」においても重要になります。「PDCA」をくり返すことによって「買わせる文章」の精度が高まっていくのです。

計画（Plan）→ 実行（Do）→ 検証（Check）→ 改善（Act）

　原因を探るための理想的な検証方法は、商品のターゲットから直接フィードバックをもらうことです。セールス文のどの文章に興味を持ったか、あるいは、興味を持てなかったか。率直な感想を教えてもらうことで、改善点が見えてきます。

【訴求改善例：千代田区にある歯科医のホームページ】
当初の訴求ポイント：痛みの少ない虫歯治療を行います
改善後の訴求ポイント：短期間で虫歯治療を行います

　千代田区に勤務する忙しいビジネスパーソンが持っている「虫歯治療に日数をかけたくない」というニーズに応えることで、サイトのアクセス数や実際の来院者が増えたのです。
　「買わせる文章」は、「PDCA」を回しながら磨き上げていくものだと肝に銘じておきましょう。

56 相手本位のセンスを養う方法

　普段何気なく読んでいる文章を「意識的に読む」。これだけで「買わせる文章」を書くセンスが格段に上がります。

- 電車の吊り広告
- 新聞や雑誌やインターネットの広告
- 書店に並んでいる本のタイトル
- さまざまな街頭広告
- お店の陳列棚に置かれている POP
- さまざまな商品のパッケージ
- ポストに届くチラシや DM（ダイレクトメール）
- 携帯に届くメールマガジン

　これらの文章を読んだときに、「どうしてこの言葉が使われたのか？」「誰に向けて書かれたものなのか？」「読み手をどういう気持ちにさせたかったのか？」という具合に、書き手の意図を探ってみましょう。とくに、自分の感情が大きく動いたときは、書き手の意図を探る大きなチャンスです。

- どうして、それを買おうと思ったのか？
- どうして、それが食べたくなったのか？
- どうして、そのお店に行きたくなったのか？
- どうして、その商品が得だと感じたのか？

- どうして、そのサービスが信頼できると思ったのか？
- どうして、この説明に納得したのか？
- どうして、この文章に感動したのか？

「買わせる文章」のスキルを磨きたいなら、この作業を「なんとなく」で終わらせてはいけません。**「Why＝どうして」を重ねて、書き手の意図を論理的に探る必要があります。**

自分が興味を持ったのは——読みやすい文章のせいなのか、説得力のあるデータのせいなのか、分かりやすい見た目のせいなのか、刺激的なキャッチコピーのせいなのか、ソフトな言い回しのせいなのか、商品の魅力が伝わってきたからなのか……。

理由が分かれば、「自分も同じ書き方をしてみよう」「自分も同じくらい分かりやすく書こう」「自分も同じくらい刺激的なキャッチコピーを考えてみよう」という具合に、自分が書く「買わせる文章」に応用できます。

同じように、興味を持てなかった理由についても、「Why＝どうして」を使って考える習慣をつけましょう。

広告文以外でも、「意識的に文章を読む」トレーニングは有効です。

文章を読んで感情が動いたときは、「どうして笑ったのか」「どうして涙が出たのか」「どうしてホッとしたのか」「どうしてイラっとしたのか」など、感情が動いた理由を探りましょう。その理由のなかに「買わせる文章」の勘どころが隠れているはずです。

第 5 章

使える**キャッチコピー**の作り方

57 使えるキャッチコピーは、「型」と「本質」のかけ算

「買わせる文章」でもっとも重要な役割を果たすパーツが、キャッチコピーです。

キャッチコピーを作るときには、彼らの心理心情を見極めながら、どんな言葉なら、ターゲットの感情が動くか、商品に興味を持ってくれるかについて、徹底的に考える必要があります。基本となる考え方は、これまでにお伝えしてきた「買わせる文章の書き方」と何ら変わりません。

> ① マジ？　表情筋がほぐれた！
> ② マジ？　小顔になった！

①と②は同じ商品のキャッチコピーです。言葉の選び方ひとつで、響く対象がまったく変わってきます。

①が響く人　→　表情筋をほぐしたいと思っている人
②が響く人　→　小顔になりたいと思っている人

世の中に「表情筋をほぐしたい」と思っている人がどれだけいるでしょうか？　おそらく「小顔になりたい」と思っている人のほうが何十倍、いや、何百倍も多いのではないでしょうか。

そう考えると、①よりも②のほうが、圧倒的に結果の出るキャッチコピーだということが分かるでしょう。

ターゲットが興味のない言葉（＝表情筋）を使ったことが①の敗因です。ターゲットの心理心情がきちんとつかめていれば、「表情筋」が、相手本位の言葉でないことに気づいたはずです。

　また、書き手の「自己満足」もキャッチコピー作りの大敵です。いくら「画期的なコピーができた！」「この表現は美しい！」「正しいことを書いた！」と思っても、ターゲットの感情が動かなければ、まったく意味がありません。**正直、作り手の思い入れや感情は、読む人にとってどうでもいいことなのです。**

　なお、キャッチコピーを作るときには、最低でも数十個、できれば100個ほど案を書き出しましょう。
　基本は「案を出す（広げる）→ 案を絞り込む」です。とくに大事なのが、「案を出す（広げる）」です。
　たとえば、商品がコーヒー豆であれば、次のような視点から広げられるでしょう。

■ **味の視点**：苦味、コク、香り、後味
■ **効能の視点**：眠気防止、リラックス、ダイエット
■ **産地や栽培方法の視点**：○○産、有機農法
■ **人間の視点**：主婦、経営者、OL、学生、シニア
■ **販売方法の視点**：自家焙煎、量り売り、産地直送
■ **社会や時代の視点**：東京オリンピック、増税時代、少子高齢化、景気回復、話題の芸能人、流行語、時事ネタ
■ **消費者の心情から広げる**：癒やし、パワー充電、幸せ

この他にも、住居、ファッション、スポーツ、食事、音楽、ライフスタイル、哲学、言葉……等々、あらゆる視点からコーヒー豆のコピー案を生み出すことは可能です。
　視点のバリエーションが多ければ、100本のキャッチコピー案を作ることは、そう難しくないはずです。

　キャッチコピー作りが得意な人には、視点の豊富さ意外にも、以下のような特徴があります。

■「キャッチコピー」の型を知っている
■ その型を応用している

　以下の①～⑤は、鼻水が止まらない花粉症の人に、花粉をブロックする鼻スプレーを売る場合のキャッチコピー案です。

① 鼻水が止まらず、仕事に集中できない皆さんへ
② 花粉の時期に、マスクなしで外出したいと思いませんか？
③ 花粉対策でこんな間違いを犯していませんか？
④ 今ならウイルス撃退鼻スプレーが半額！
⑤ 新開発！　イオン×チタンの力で鼻水ストップ！

　こうしたコピーは、どんな商品にも応用できます。試しに、①～⑤を英会話スクールのコピーに置き換えてみましょう。

> ① 英語が話せず、旅行のときに苦労している皆さんへ
> ② 海外旅行で、現地の人と自由に会話をしたいと思いませんか?
> ③ 英会話の勉強でこんな間違いを犯していませんか?
> ④ 今なら「スカイプ英会話スクール」の入塾料が半額!
> ⑤ 業界初! ネイティブ講師×スカイプ講義のオンラインスクール!

　もちろん、どんな型のコピーであれ、その裏にある「本質」を無視しては、望む結果は得られません。

　たとえば、「花粉対策でこんな間違いを犯していませんか?」の裏には、「自分の花粉症対策に自信がない」というターゲットの不安があるわけです。その不安が見えていなければ、「本質」が抜け落ちている、ということになります。

　「英会話の勉強でこんな間違いを犯していませんか?」という置き換えのコピー。このコピーの裏には、ターゲットのどんな心理心情が隠されているでしょうか?

　もしも、ターゲットの多くが「自分の英会話勉強法に自信がない」と不安を感じているようなら、この置き換えは成功するかもしれません。

　逆に、そうした不安を感じていないなら、このキャッチコピーでは、ターゲットに刺さりません。つまり、形だけをマネた、結果の出ないコピーということになります。

58 ターゲットに直接呼びかける

【平凡】効き目バツグンの強力育毛剤
【修正】薄毛に悩んでいる20代男性へ

商品のターゲットに直接呼びかける型です。

経営者、新入社員、部長、OL、団塊世代、○○したい方、○○にお困りの方、○○をお探しの方……等々、**直接呼びかけられると、人はつい「私のこと？」と反応してしまう**ものです。

「子供のいるママ」よりも「3歳児を保育園にあずけて働きに出ているママ」と名指しするほうが、あるいは、「中年男性の皆さま」よりも「メタボが気になる40代管理職の方」と名指しするほうが、ターゲットに振り向いてもらいやすくなります。

■ 経営者の皆さま、固定費を払いすぎていませんか？
■ キャリアを老後に生かしたいと考えているシニア予備軍の皆さま
■ 諦めぐせがついてしまっているアラサー諸氏
■ 英語の勉強が長続きしない方へ
■ コーヒーはブラック！　と決めつけている方へ
■ これまで一度でも禁煙に失敗した経験のある方へ
■ 見ず知らずの子供に「おばさん」と呼ばれてイラっときたあなた

59 疑問形を使う

【平凡】在宅ケアで介護をサポート
【修正】もしや、親の介護でお困りではないですか？

　もっとも手軽に使えて、なおかつ、高い効果を期待できる万能キャッチコピーが「疑問形」です。
　疑問形は、「問いかけられると、つい答えたくなる（答えを知りたくなる）」人間の習性を逆手にとったアプローチです。
　読む人に「反応してもらう」という点において、疑問形のキャッチコピーは最強かもしれません。
　「なぜ（どうして）〜？」「まさか〜？」などは、お約束パターンとして、いつでも使えるようにしておきましょう。

- これ、本当にパンケーキ？
- 結婚生活に満足していますか？
- お金の心配から解放されたくないですか？
- どうして猫背の男性は出世しないのか？
- まさか、ボディソープでからだを洗っていませんか？
- 絶対に食べてはいけないコンビニのお惣菜とは？
- 突然のリストラ宣告。そのときあなたはドウスル？
- 極度のあがり症だった私が、なぜ満面の笑みを浮かべて1000人の聴衆の前に立てるようになったのか？

60 不安や恐怖にアプローチする

> 【平凡】信頼と実績の耐震診断
> 【修正】あなたの家は本当に倒れませんか？

　人には自己防衛本能や危機回避能力があります。こうした能力は言葉に対しても働きます。たとえば「○○をすれば便利になります！」よりも「○○で悩んでいませんか？」という具合に、不安や恐怖にアプローチした言葉のほうに反応しやすいのです。

　とくに、「○○で失敗をしたくない」「○○から抜け出したい」「○○の問題を解決したい」などの感情を持っているターゲットには、「自分事」として響きやすいはずです。

> ■ 車上荒らしに注意！　犯人は近くで見ています
> ■ そのローン、払いすぎていませんか？
> ■ 寝たきりで老後を過ごしたい方は読まなくて結構です
> ■ それでもまだ効果のない○○をやり続けますか？
> ■ えっ、オレの息が、臭いって？

　不安や恐怖にアプローチする場合、そのキャッチコピーを読んだ瞬間に、「あっ、自分も似たような不安や恐怖を持っているなあ」と気づく人もいます。つまり、キャッチコピーによって、無意識下にある不安や恐怖を掘り起こすこともできるのです。

61 お客様の感想をそのまま使う

【平凡】お風呂に入って、お肌ツルツル！
【修正】えっ、こんなに肌がツルツルになるなんて！

　お客様からもらった感想をそのまま使う型は、手堅い反応が得られるアプローチのひとつです。
　なぜなら、**「お客様の感想＝ターゲットの未来像」**だからです。書き手側（自分本位）ではなく、お客様側（相手本位）の言葉でベネフィット（購入者が得る恩恵・利益）を伝えることができるため、ターゲットに刺さりやすいのです。
　お客様の感想は、できる限りそのまま使うようにしましょう。変にイジると、言葉が書き手都合になってしまいます。

■ なんで、私が東大に！？（※）
■ 私も「自分史アルバムを作ろう」と本気で思いました
■ コイツのお陰で、サラダに対する見方が変わりました
■ もう、あのかゆみに悩まされなくていいなんて、まるで夢のようです
■ あれっ？　いつの間にか英語が話せている！
■ どのメーカーも絶対に作れないと思っていました！

※四谷学院

62　数字（数値）を使う

【平凡】ウイルス・細菌・花粉の侵入を防ぐ！
【修正】5層構造でウイルス・細菌・花粉の99.8%をカット！

　数字（数値）には、人を納得させる力があります。なぜなら、数字とは「具体性」であり「証拠」だからです。

　「とても速く」と書くより「わずか1分で」と書いたほうが、「たくさんの方が来場した」と書くより「150席が満席になった」と書いたほうが、読む人の頭に明確なイメージが浮かびます。

　実績にしろ、ベネフィット（購入者が得る恩恵・利益）にしろ、科学的な根拠にしろ、ユーザーの声にしろ、**重要なポイントが具体的な数字で語られると、人は「それはすばらしい！」「それはスゴい！」と納得しやすくなる**のです。

- 2週間で5キロの体重減とくびれをゲット！
- 売上前年比30%アップを実現するサイトリニューアル案
- 子を持つ主婦の100人中96人が号泣した感動作
- リピート率93.4%の理髪店
- 将来ボケないために心がけたい7つの習慣
- 導入店舗実績2000社以上！　注文・会計管理システム
- 大阪グルメガイド／人気ラーメン店・2014年ランキング1位！

63 断言する

【平凡】効果のある集客方法をお伝えします
【修正】絶対に地域 No.1 店！

「断言する」とは、「覚悟を見せる」ことです。

仮に、あなたが占い師に「もしかすると、あなたは年内に昇進するかもしれません」と言われた場合と、「あなたは年内に必ず昇進します」と言われた場合とでは、どちらが"その気"になるでしょうか。おそらく後者でしょう。

「必ず昇進します」という断言には、占い師の覚悟が感じられます。一方、後者の「もしかすると～かもしれません」という表現には、覚悟が感じられません。

ターゲットをどうしても"その気"にさせたいときは、ふわっとした言葉ではなく、腹をくくって断言しましょう。

- ■ もう二度とリバウンドさせません！
- ■ スマホの次は〇〇がくる！
- ■ 営業はリサーチがすべて！
- ■ 本物の教育が、ここにあります！
- ■ あなたは必ず〇〇を克服できる！
- ■ 黒字社員を倍増させます！

64 ターゲットの質問・疑問に答える

【平凡】暮らし充実、超軽量メガネ
【修正】○○メガネの重さは、なんと10円玉1枚分（4.5グラム）と超軽量。メガネをかけている実感がありません。
※「超軽量って、どれくらい軽いの？」という質問に対する答え

　ターゲットがぶつけてきそうな質問や疑問に、あらかじめ答える型です。「なぜ？」や「どうして？」に対する答えですので、根拠や理由を明確にして、読む人に納得してもらわなければいけません。反応さえ得られるなら、長文になってもOKです。
　もちろん、**キャッチコピーの裏にある質問や疑問は、書き手の想像や推測であってはいけません。**ターゲットが何を知りたがっているのか、よくリサーチしましょう。

■ ○○ピザのおいしさの秘密は、太陽の光をたっぷり浴びた宮崎産の完熟トマトを使った、ジューシーで果肉感あふれるソースにあります。
※「おいしさの理由は？」という質問に対する答え

■ どうして経営にゲームの要素を取り入れるか？　それは、あらゆるゲームが、どうしたら人が喜んでくれるか、楽しんでくれるか、夢中になってくれるか——という点にフォーカスして作られているからです。

65 「〜の方法」

【平凡】店舗経営のご相談を承ります
【修正】新規顧客のリピート率を爆発的に増やす**方法**

　ノウハウ系の情報を売る場合にしばしば使われるキャッチコピーが「〜の方法」です。ダイエット、美容法、勉強法、稼ぎ方など、ジャンルを問わずに使えます。

　「〜の方法」を使うときには、その方法を実践することで得られるベネフィット（購入者が得る恩恵・利益）を盛り込むのがセオリー。ベネフィットの魅力が大きいほどターゲットの注意を引きやすくなります。

　「〜の方法」だけでなく、「〜のコツ」「〜術」「〜のポイント」「〜の秘訣」「〜の秘密」「〜の技術」「〜の法則」「〜の鉄則」「〜のスキル」などが、よく使われる表現バリエーションです。

- 好きな物だけ食べながら、10日で体脂肪を5％カットする**方法**
- 1日に30分パソコンに向かうだけで、月に10万円を得る**方法**
- 筋トレせずに、筋肉質なカラダになる**方法**
- 現役美容師が教える24時間型崩れしないセルフブローの**技術**
- その日の疲れを翌日に残さない○○睡眠**療法**

第5章　使えるキャッチコピーの作り方　147

66 ベネフィットを伝える

【平凡】美しく痩せる○○式エステ
【修正】ビーチで受ける視線が、昨年とは大違い！

ターゲットにベネフィット（購入者が得る恩恵・利益）を伝える方法は、キャッチコピー作りの王道のひとつです。なぜなら、**消費者の関心は、商品の機能ではなく、それを所有（利用）することで自分がどんな利益や価値を受け取れるかに向いている**からです。

簡単に言えば、「あなたは○○になれます。だから△△してみませんか？」と伝えるのが、このベネフィット型の役割です。

読んだ瞬間に、ターゲットの多くが「自分もそうなりたい！」と思うようなら、そのキャッチコピーはかなり優秀です。

- ■ スイングは同じなのに……ドライバーが曲がらない！
- ■ あなたのホームページが「売れる営業マン」に大変身！
- ■ 汗ムレ知らずで、赤ちゃんニコニコ
- ■「料理がうまくなったなあ」と彼氏に褒められた
- ■ ジュワっとしみ出る肉の旨味に、もうお箸が止まりません！
- ■ 雨の日に「傘を持たずに出かける」という選択ができる生活
- ■ 使い始めたその日から、ダンナが私に優しくなった

67 常識から外れたことを書く

【平凡】お客様への「ありがとう」が会社を育てる
【修正】お客様への「ありがとう」が会社をつぶす

「賢くなりたいなら断じて本は読むな」

そんなキャッチコピーがあったら「えっ?」って思いませんか? なぜなら、「賢くなりたいなら本を読め」というのが常識だからです。**人は常識から外れたことを言われると「えっ?」と思い、続いて「どうして?」とその理由が知りたくなるものです。**

■ 申し訳ありませんが、初めてのお客様には、ドモホルンリンクルをお売りできません(※1)
■ 社員のモチベーションは断じて高めてはいけない
■ 千円札は拾うな。(※2)

もちろん、常識から外れたことを書くわけですから、その理由(根拠)には、相応の説得力を持たせなければいけません。

先ほどの「賢くなりたいなら断じて本は読むな」の例で言えば、続きの文章などに明確な根拠を盛り込んで、読んだ人に「なるほど、確かに、体験を通じてでしか本当の賢さは得られないよね」などと賛同してもらえれば及第点でしょう。

※1:再春館製薬所(ドモホルンリンクル)
※2:サンマーク出版(安田佳生氏の著書)

68 ターゲットの声を代弁する

【平凡】効果てきめんの美顔クリーム
【修正】すっぴんで街を歩けたら、どれだけ幸せだろう

人には、人知れず抱えている声があります。その声を代弁するキャッチコピーに出会ったとき、思わず「その通り！」「それ分かる！」「よくぞ言ってくれた！」とひざを打ちたくなります。

キャッチコピー（メッセージ）への共感は、その続きの文章への興味、さらには、商品に対する興味へとつながります。

■ 長期休暇はいりません。休暇明けがツラすぎるから。
■ 私たちは、ママじゃなくて、お姫様になりたいの
■ あとひと部屋あったら、いいのになあ
■ お風呂上がり。赤ん坊のカラダを拭くわたしのカラダは誰が拭く？
■ 暑いのはイヤ、でも、効きすぎのクーラーはもっとイヤ

代弁のキャッチコピーが成功するかどうかは、ターゲットについての理解度にかかってきます。**思ってはいるけど、なかなか口には出せない、あるいは、本人でさえまだ気づいていない——そんな気持ちが代弁できたときに、大きな共感が生まれます。**

69 ユーモアを交える

【平凡】本日の店長イチオシ商品
【修正】担当者が誤発注。仕入れすぎました（涙） 買ってください

　ユーモアはコミュニケーションの潤滑油です。キャッチコピーも、大きな意味では、読む人とのコミュニケーション。クスっと笑ってしまうようなことが書かれていると、気持ちが和み、警戒心が薄まります。**笑うと記憶にも残りやすくなります。**
　まじめに書くと嫌らしく受け取られがちな言葉でも、ユーモアを添加することによって、受け入れやすくなります。

- 精子だった頃の運をもう一度。（※１）
- うらやましいぞ！！　Ｊリーグ（※２）
- 家に帰ると、母が倒れていた。（※３）
- これでダメなら、ごめんなさい（※４）

　もちろん、単なる言葉遊びでは意味がありません。ユーモアを交えるキャッチコピーの場合、笑いのなかに「（商品と連動していて）うまい！」と思わせるセンスも必要です。ユーモアの「品」をどのレベルに保つかも、よく検討する必要があります。

※１：宝くじ（LOTO6）　※２：としまえん
※３：東京ガス（床暖房）　※４：ウィスパー（生理用ナプキン）

70 比較や対比を使う

【平凡】覚せい剤の所持や使用は犯罪です
【修正】覚せい剤やめますか？　それとも人間やめますか？（※）

「比較」とは「ふたつ以上のものを互いにくらべ合わせること」で、「対比」とは「ふたつのものを並べ合わせて、違いや、それぞれの特性を比べること」。比較や対比をキャッチコピーに用いることによって、メッセージが強調されて、読む人に刺さりやすくなります。**リズムも生まれるため、記憶にも残りやすくなります。**

■ 45歳で還暦に見える人と、学生に見える人
■ 月収25万円の人の思考と、月収100万円を超える人の思考
■ エステに行って綺麗になる人、ならない人
■ 脂肪の量は気になるのに、筋肉の量は気にならない？
■ 今買いどきな〇〇、次に買いどきがくる〇〇
■ 「古い」と思われるか、「アンティーク」と思われるか
■ 〇〇にあって、〇〇にないもの。それが「安全」です。
■ モテる履歴書と嫌われる履歴書
■ ロボットのような人間、人間のようなロボット

※ＡＣ（公共広告機構）

71 比喩や擬人化を使う

【平凡】肌にやさしい最新電気シェーバー
【修正】「オレだって優しく剃られたい」（by あごヒゲ）

　読む人に情景をイメージさせたいときには、比喩や擬人化のキャッチコピーも有効です。とくに、人間以外のものを、あえて「人間」に置き換えて表現する擬人化では、「その気持ち、分かるなあ〜」と読む人の共感を誘うことができます。

　ただし、**比喩や擬人化にあまり凝りすぎてしまうと、かえって意味が伝わりにくくなる危険性もあります。**「うまいこと擬人化したなあ」という自己満足で終わらないよう注意しましょう。

- おしりだって、洗ってほしい。（※）
- 建物だけでなく、上司と部下の関係もバリアフリーに
- 首も肩も、ガチガチに固められたコンクリートのようだ
- 「胃はオレひとり！　別腹とかないから！」――胃袋の声
- シューズボックスにも堪忍袋の緒はあります
- あなたの個性がガッカリしています
- 「SEO（検索エンジン最適化）」という言葉も知らずにホームページを立ち上げるなんて、一度も練習をしないでフルマラソンを走るようなものだ

※：TOTO・ウォシュレット

72 意外性を語る

> 【平凡】ヘルシーマカロン誕生
> 【修正】マカロンなのに、カロリーがほぼゼロ

　平凡で目新しさのないことが書かれていても、人はあまり興味を持ちません。一方で、意外なことが書かれていると、がぜん興味を引きつけられます。意外性の正体は「思わぬギャップ」です。

「意外性を語る」型の場合、商品にオリジナリティや革新性、新規性などがあれば、より大きな相乗効果が見込めます。

- 田舎の３等地で、豪華なディナーを楽しむ
- このハイヒールなら、マラソンだって走れそう
- キムチなのに臭わない
- "３キロやせる"ヘアカット始めました
- 安けりゃいいってもんだ
- 早起きは3500円の損
- モーニング、夕方16時まで

　意外性を語るキャッチコピーを作るときには「○○なのに△△だ」というフォーマットが使えます。「教科書なのに泣ける」「無調整なのに飲みやすい」「平凡なのにやみつきになる」「夏なのにサンマ」「子供用なのにシニアに大人気」など、トレーニングを兼ねて、いろいろと考えてみましょう。

73　あえて遠回しに言う

　あえて遠回しな表現で商品の魅力をアピールする方法は、読む人にジワ～っとメッセージを浸透させたいときに有効です。書き手と読み手の双方に、センスと知性とユーモアが必要です。

> ■ ヨーロッパの食通は、オーストリア航空がお好き（※）
> ■ 口げんかもできないのに、戦争するっておかしくない？（英会話スクール）

※：オーストリア航空（ビジネスクラス・機内食）

74　強い言葉を使う

　読む人の注意を引きつけたいなら「強い言葉」を使うことです。ただし、メッセージの内容に共感してもらえなければ意味がありません。「傲慢」あるいは「勘違い」と思われたら逆効果です。

> ■ グチは社会の害！／グチは社会の迷惑！
> ■ 「ゆとり世代」の大逆襲！
> ■ ダンナよ。いつまでも、私を部下だと思うなよ！

第5章　使えるキャッチコピーの作り方

75 第三者のお墨つきを伝える

　第三者のお墨つきをもらっている商品であれば、それを活用するキャッチコピーも有効です。その第三者が社会的に大きな信用を獲得しているほど信ぴょう性や信頼性が高まります。

■ 脳科学の第一人者〇〇〇〇氏も愛用！
■ NHKの人気番組「〇〇〇」でも取り上げられた話題の品！
■ 今全国の小学校の先生たちに大人気の〇〇です！

76 本気さを問う

　商品に興味を持ちながらも、購入に二の足を踏んでいる方に対しては、「本気さを問う」型を使うのも手です。ターゲットに覚悟を決めさせるための、やや荒療治的なアプローチです。

■ 本気で売り上げを伸ばしたい経営者様のみ、お申込みください
■ 1日30分の勉強時間が確保できない方はご遠慮ください
■ 本気で夫婦問題を解決したい方。お待ちしております。

77 希少性をアピールする

　数量、時間、機会、空間——それらが限定されたとき、人はそこに価値を見出します。「このチャンスを逃したら手に入らないかもしれない」という気持ちが、購買意欲に火をつけるのです。

■ 昭和なクルマ好きのために、240台限定販売！
■ １日１組のおもてなし。森と湖に囲まれた三ツ星オーベルジュ。
■ お急ぎください！　先着25名の大特価！

78 お得さをアピールする

　「お買い得だ」と思った瞬間に、お客様の気持ちが購入に傾くケースは少なくありません。価格、内容、特典……どういう形でお得さをアピールするのがベストか、よく検討しましょう。

■ 30日間、無料でお使いいただけます
■ 本日ご入会いただいた方のみ、3回分の無料レッスン券を差し上げます
■ 2本お買い上げの方に、さらに、もう1本プレゼント！

79 「初」や「新」で訴求する

　業界初！　初体験！　新開発！　新技術！　「初」や「新」を使ったキャッチコピーには、読む人の好奇心をかき立てる力があります。ニュース速報のようなイメージで作成してみましょう。

- ■ **新素材！**　ベタつきなしのUVカットレギンス
- ■ 構想3年、ついに完成！　**新感覚**ソースラーメン！
- ■ **新提案！**　日本の主食は「ごはん」から〇〇に変わる！

80 「〜しない」を強調する

　人には面倒なこと、頑張りたくないこと、できればしたくないことなどがあります。そうした怠け心にアプローチする型です。ターゲットから大きな支持＆共感が得られれば大成功です。

- ■ もう、大好きな炭水化物を我慢する必要はありません
- ■ 今日限り、倹約はやめにしましょう。〇〇があれば大丈夫。
- ■ もう頑張らない、お風呂掃除を

81 お役立ち情報を提供する

　ターゲットにお役立ち情報を提供する型です。読む人が＜お役立ち情報を知る →「なるほど」と納得する → 商品に興味を持つ＞と進む青写真を、あらかじめ描いておく必要があります。

■ 人間の体内では１日に約 3000 億個の細胞が死んでいます
■ そのおでこの痛み、副鼻腔炎かもしれません
■ 高い声よりも低い声のほうが、相手に信頼感を与えやすいと言われています

82 切実さを語る

　ターゲットが抱えている切実な悩みや不安、あるいは願望をそのまま言葉にすると、メッセージが刺さりやすくなります。普段からターゲットが使う言葉によく耳を傾けておきましょう。

■ ウエっとくる彼女の口臭をなんとかしたい！
■ 毛穴の黒ずみ、勘弁してくれー
■ やばっ。スカートがはち切れそう……

第5章　使えるキャッチコピーの作り方

83 時流に乗る

　話題のイベントや流行など、時流に乗ったキャッチコピーは、上手に使えば大きなプロモーション効果を発揮します。クリスマスやバレンタインデーといった季節ネタも定番です。

- １日だけ子供に戻る。それが母の日の最高のプレゼント
- 受験シーズンを勝ち抜く特効薬がコレ！
- 東京オリンピックの開会式の日、あなたはどんな自分でいますか？

84 実績を語る

　実績で選ばれる商品は少なくありません。押しも押されもせぬ実績がある場合には、その実績をキャッチコピーで表現してもいいでしょう。単なる自慢で終わらないよう注意しましょう。

- 創業120年。親子４代で守り続けてきた辛味噌の味。
- 新サービス○○○、リリースから３日で1000件のご成約！
- ５年連続・東京23区「マジうまスイーツ」NO.1に輝く

85 正直に話す

　相手にとって都合の悪いことでも、正直に話すと、意外と理解してもらえることがあります。「相手にとって都合の悪いこと＋でも（逆説）」の型を使えば魅力を際立たせることもできます。

■ 形はブサイクです。でも、驚くほど効き目がある！
■「ちょっと高いねえ」とよく言われます。でも仕方ありません。この材料ですから。
■ 即効性はありません。ただし、確実にリターンが得られます。

86 命令する

　命令には反発がつきものです。しかし、これは感情が動いている証拠。命令の形を使って、ターゲットの好奇心を上手にくすぐってあげると、反発したい気持ちを抑えながら、「なぜ、そんな命令をするの？」と興味を持つ人が少なくありません。

■ お金は貯めるな。徳をためろ。
■ 成績を伸ばしたいなら、ノートは取るな
■ マーケティングは勉強するな

第5章　使えるキャッチコピーの作り方

87 物語を語る

　物語には人の感情を動かすパワーがあります（38ページ参照）。文字量がなければ物語を語れないわけではありません。たったワンフレーズでも、情景が浮かぶ物語を紡ぐことはできます。

■ 約束は小指から薬指へ（※）
■ 夕飯がこの唐揚げだと、主人の機嫌がいいんです
■ しかめっ面の母の表情が、一瞬輝いたのを見逃さなかった

※メルパルク横浜（ブライダルフェア）

88 意外な言葉を組み合わせる

　普段は一緒に使われることのない単語同士。しかし、組み合わせるとなぜかメッセージが伝わる。そんな言葉を作るのもひとつの方法です。言葉としてはおかしくても、意味が伝わればOK。

■「怖い」を愛でる／「怖い」を食べる／「怖い」と遊ぶ／「恐い」を許す／「恐い」にゾッコン／「恐い」と結託する
■ 音楽を旅する／音楽を超える／音楽を叫ぶ／音楽を抱きしめる／音楽にスマッシュ／音楽にホールインワン
■ 夫婦をデザインする／夫婦をアップデートする／夫婦を休む

89　じらす・伏せる

　じらされると我慢できなくなる。あなたも経験したことがあるでしょう。言葉も同じです。じらされたり、伏せられたりすると、その正体（結果）を知りたくなるのです。別名、チラ見せ型？

■ 手に汗握るこの恐怖は、体験してみた人にしか分かりません
■ どうしてこんな便利なものを今まで使わなかったのだろう？
■ 食べた瞬間、「やられた～」と思いました

90　縮める

　アラフォー、デパ地下、ゆるカワ……等々。言葉を縮めることで記憶に残りやすく、口コミされやすくなります。もちろん、メッセージが伝わらない自己満足では NG。内容が一発でイメージできて、読む人にズキューンと響く言葉が理想です。

■ ふわとろ（ふわふわ＋トロトロ）／パリもち（パリパリ＋もちもち）
■ おじカワ（おじさんが身に着けそうなアイテムを身に着けるファッションのこと）

第5章　使えるキャッチコピーの作り方

第6章

SNS・メールで人を動かす

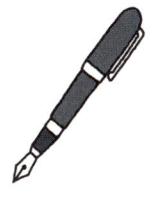

91 SNSにおける「買わせる文章」とは？

■ Facebook　■ Google+　■ Twitter　■ mixi
■ LINE　■ Mobage　■ GREE

　これらは、代表的なSNS（ソーシャル・ネットワーキング・サービス）です。買わせる文章のスキルは、こうしたSNS上でも使えるのでしょうか？

　答えは、イエスともノーとも言えません。

　そもそもSNSは、交流の場であって、商品（サービス）を売り買いする場所ではありません。そのことは、自分自身がSNSにログインする理由を考えれば分かるはずです。

　たとえば、何か商品を買おうと思ってFacebookにログインする人は、ほとんどいないと思います。商品を買いたいときは、SNSではなく、商品の販売サイト、口コミサイト、比較サイトなどにアクセスするのではないでしょうか。

　では、SNSをビジネスに活用するには、どうしたらいいのか？　その答えのひとつが「ファン作りに徹する」です。

　仮に「地方にあるワイナリー」がFacebookページを活用しているなら、やるべきことは、ワイン好きな人たちが喜ぶ情報発信をし続けることです。

　見込み客のニーズを理解したうえで、彼らが喜ぶコンテンツを提供することで、自社（自分）のファンを増やしていくのです。

> ■ ワインができるまでのプロセスをリポートする
> ■ ワインのうんちくを語る
> ■ 商品開発の現場を公開する
> ■ ワインの種類や味の解説をする
> ■ ワインに情熱を傾けるスタッフを紹介する

　ワイン好きにとって有益な情報、興味深い情報、楽しい情報であれば「いいね！」もつきやすく、コメントも入りやすいはずです。ときには「赤ワインと白ワインはどちらがお好きですか？」という具合に、ファンとの交流を前提とした記事を投稿をしてもいいでしょう。語らいの場が生まれてページが活性化します。盛り上がっている場所には人が集まるので、さらにファンが増えていきます。

　冒頭で「SNSはモノを売り買いする場所ではない」と書きましたが、**熱心なファンがついた状態であれば「今年のワインは自信作です！」という具合に、さり気なく商品紹介の投稿をしても嫌がられません。**
　それどころか、関係性ができ上がったファンからは、「いいモノを紹介してくれてありがとう」と感謝されるでしょう。

　なお、SNSのプロフィール欄などには、問い合わせ用のメールフォームを配置する他、公式サイトや商品販売ページのURLを掲載するなどして、ファンが問い合わせや購入をしたいときに、いつでも行動できるようにしておきましょう。

92 ストック型メディア「ブログ」の活用法

前項で「SNSが商品（サービス）を売り買いする場所ではない」とお伝えしましたが、唯一、例外とも言えるのがブログです。

FacebookやTwitter、Google+などのSNSは、情報が次々と流れていくフロー型メディアです。1年前はおろか、1カ月前の記事を探すのにも苦労します。

これに対して、ブログは記事が少しずつ蓄積されていくストック型メディアです。数年前の記事でも比較的簡単に閲覧することができます。

しかも、ブログ記事は検索でヒットしやすいため、新規でアクセスしてくる方も大勢います。

つまり、掃除機の記事を書いておけば、「掃除機」で検索してブログにやってくる人がいる、ということです。

---

① 自社（自分）のビジネスに関連する専門的な情報を発信する
②「このブログは役立つ」と思った人が頻繁に訪れる（ファンになる＝見込み客となる）
③ 記事が溜まると、より検索にヒットしやすくなる（さらにファンが増える＝見込み客が増える）
④ 商品（サービス）を紹介すると、購入する人が現れる

---

① → ④の流れが、ブログをビジネスに活用する際の王道スタイルです。このスタイルでブログを活用するときには、とくに次

の3点を意識しておくといいでしょう。

① 自分（自社）の専門分野について書く

　飲食店専門の経営コンサルタントであれば、飲食店の開業ノウハウや業績改善ノウハウなど、飲食経営にまつわる有益な情報を発信します。その結果、その道のプロとして認知されます。

② 読者（ターゲット）が欲しがっていることを書く

　せっかく発信した情報も、読者の役に立たなければ（読者に喜ばなければ）意味がありません。ターゲットが持っているニーズをつかみ、彼らのニーズに応える形で情報発信をしましょう。

③ 誰よりも分かりやすく書く

　世の中に数多くの専門家がいますが、他人に分かりやすく伝えられる人はそう多くありません。中学生でも理解できるくらい分かりやすく書ければ、ライバル（同業他社）から頭ひとつ抜け出せるでしょう。

　なお、あらゆる情報が無料で収集できる昨今ですので、情報の出し惜しみは禁物です。**読者が「こんなことまで教えてくれるの？」と驚くくらい有益な情報を発信しましょう。**

　あとは、書き続けることに尽きます。頑張ってブログを毎日書き続けても、1年後にやめてしまっては意味がありません。

　途中でやめてしまうくらいであれば、たとえ1週間に1記事でも、5年、10年と続けるほうが成果につながります。

93 SNS上のコメントやつぶやきは両刃の剣

　SNSを象徴する機能と言えば「コメント」です。他人と気軽に交流できるコメントですが、そこには落とし穴もあります。

　たとえば、AさんからコメントをもらったBさんは、Aさんにコメントの返信をすることになります。
　しかし、Aさんへの返信であっても、その返信を読むのはAさんだけとは限りません。SNS上のコメントは、常にその他大勢にも見られているのです。つまり、**コメントのやり取りは、そもそも「公の場」で行われているようなものなのです。**

> そちらのお店では、どんな種類のホルモンを出されていますか？

　焼肉屋の店長であるあなたのアカウント宛にYさんがこのようなつぶやき（ツイッター投稿）をしたとします。そのときに、あなたが次のような返信をしたらどうなるでしょうか。

> そういうことは、いちいちツイッターで質問しないで、一度お店にきて確かめてください。

　この返信を受けたYさんが不快になるのは想像に難くありません。それだけではありません。この返信を読んだYさんや、Y

さん以外の人から、「あなたは一体何様のつもり？」というつぶやきが寄せられ、みるみるうちに炎上するかもしれません。

事実、不用意な失言から大炎上に発展するケースは多々あります。

炎上に参加しないまでも、こんな失礼な発言をする店長の焼肉屋さんには行きたくない、という人も続出するでしょう。

たとえ、１人に向けての返信であっても、「SNS＝公の場」という意識を忘れると、痛い目にあいかねないのです。

> ご質問ありがとうございます。ホルモンはレバー、ギアラ、ハツ、ヤオギモ、マメ、大腸、小腸の７種類を用意しています。秘伝のタレとの相性が抜群ですので、一度食べにきてください(^^)

このような返信であれば、質問したＹさんも嬉しいでしょうし、その他大勢へのアピールにもなります。なかには、たまたまこの返信を目にした誰かが「どうしても、このお店のホルモンが食べたくなってしまって……」と、お店に出向くかもしれません。

コメントの書き方ひとつで、人を怒らすこともできれば、こちらが望む行動を起こさせることもできるのです。

どのようなコメントを返したら相手は、あなたが望む行動をとってくれるでしょうか？　相手の立場や、その他大勢の視線を考慮したうえで、コメントのやり取りをしましょう。

94 個人を売る方法（肩書き編）

　ソーシャルメディアの普及により、起業を含め、個人でもビジネスをしやすい時代になりました。筆者もフリーランスとして10年以上、自分の名前で仕事をしてきました。今の自分があるのは、自分を買ってくれた方がいるからです。

　自分を買ってもらいたいのであれば「何でもできます」と言わないことです。 モノやサービスがあふれるご時世に「何でもできます」と宣言したところで、お客様はきてくれません。

　たとえば「何でも撮ります」というカメラマンと「人物を専門に撮っています」というカメラマンがいた場合、あなたがプロフィール写真の撮影を頼みたいのは、おそらく後者ではないでしょうか。人物専門のカメラマンであれば、自分の魅力を引き出してくれるかも？　そんな期待を抱くのではないでしょうか。

---

① カメラマン
② 人物撮影専門カメラマン
③ 赤ちゃん撮影専門カメラマン
④ 妊婦さんのおなか撮影専門カメラマン

　腕前などの条件が同じ場合、お客様が集まりやすい肩書きは、ターゲットが明確な③や④です。③は「赤ちゃんを持つ親（祖父母）」に、④は「妊娠中の女性」に確実に響くからです。

よく「ターゲットを絞るのが怖い」という人がいますが、それは勘違いです。③や④のように「自分は○○の専門家です」と旗を立てるほうが、大勢の人に認知されやすくなります。

　しかも不思議なもので、③や④の肩書きでお客様が集まるようになると、次第にターゲット外のお客様も増えていきます。なぜなら、人は「にぎわっている場所に引き寄せられる」からです。

　あるいは「妊婦だったときに撮影してもらった写真がすてきだったから」と、その後、子供が成人するまで、④のカメラマンに、毎年、家族写真の撮影をお願いする方もいるかもしれません。

① 経営コンサルタント
② 飲食店経営専門コンサルタント

　飲食店経営者が興味を持つのは②でしょう。さらに、こうした肩書きから縦方向に差別化を図る方法もあります。

① 飲食店「売り上げ倍増」コンサルタント
② 飲食店「スタッフ育成」コンサルタント
③ 飲食店「多店舗展開」コンサルタント

「自分は○○の専門家です」と旗を立てて、まずはニッチな分野でNO.1を目指す——これが「自分を売る」第一歩です。

　「何でもできます」は、「何にもできません」と宣言しているのと同じこと。大きなリスクと心得ておきましょう。

95 個人を売る方法（プロフィール編）

　自分の名前で仕事をしている人であれば、肩書の他に、個人プロフィールが必須です。

　インターネットが発達したこの時代に個人プロフィールを掲載しないのは機会損失。その人が何者かが分からなければ、仕事を依頼したり、商品を買ったりする気になりにくいものです。

　ビジネス用の個人プロフィールを作成する際、犯しがちな間違いが2つあります。ひとつは「履歴書風プロフィール」、もうひとつは「自伝風プロフィール」です。前者は堅苦しい経歴の列挙になりがちで、後者は独りよがりの物語にすぎません。

> 【履歴書風プロフィール】
> 1996年　株式会社芸文社入社（編集者兼記者）
> 2002年　フリーライターとして独立
> 2012年　『どんな人ともドギマギせずに会話がふくらむコツを集めました！』（三笠書房）を出版
> 2013年　伝える力【話す・書く】研究所設立
> 2013年　山口拓朗ライティング塾開講
> 2014年　『伝わる文章が「速く」「思い通り」に書ける87の法則』（明日香出版社）を出版

　読んだ瞬間は「へえ」と思っても、10秒後には忘れられてい

るはずです。最大の問題は、本人の価値が見えない点でしょう。読んだ人の「だから何？」という声が聞こえてきそうです。

> 【自伝風プロフィール】
> 私が文章に興味を持ち始めたのは高校生のときでした。被爆者の不安と苦しみを描いた映画『黒い雨』の感想文を書いたとき、担任の先生がその感想文を気に入ってくれて、学校新聞に掲載してくれたのです。そのときの嬉しさといったらありませんでした。
> 文章を書くことに「味をしめた」のはこのときです。大学卒業後は、6年間、出版社で編集や記者の仕事をしました。取材で全国を飛び回りながら雑誌の記事を書く日々は、忙しいながらも、やり甲斐を感じていました。2002年に独立すると〜＜以下続く＞

　よほどの有名人が書いたのでなければ、通常、このように冗長で自分本位なプロフィールを熟読する人は少ないはずです。

　「自分語り」が悪いわけではありませんが、どうしても伝えたいことがあるなら、プロフィールとは別に書いたほうが賢明です。

「自分の価値を分かりやすく示したうえで、その価値で○○さん（←ターゲット）の役に立つことができます」と示したもの、これが私の考える理想的なプロフィールです。

　プロフィールに盛り込むべきは、主に以下の3要素です。

① 商品

　自分の商品が何かを具体的に示しましょう。プロフィールを読んだ人に「結局、何をしている人なのかがよく分からない」と思われたら、仕事につながる確率は下がります。

② ストロングポイント（強み）

　自分を買ってもらうには、ターゲットに提供できる自分（商品・サービス）のストロングポイントを明確に示す必要があります。ストロングポイントの種は、仕事（商品）の特徴、その提供方法、店舗などの場所、技術、人柄、想い……等々、さまざまなところにあります。

　ストロングポイントを明確に打ち出せると、競合との差別化が図りやすくなります（＝お客様に選ばれやすくなります）。

③ 実績

　実績とは信頼です。経歴、仕事の件数、顧客（クライアント）の数、大企業との取引、顧客に著名人がいる……等々、実績にはさまざまなものがあります。また、マスメディア（テレビ、ラジオ、新聞、雑誌など）に取り上げられた場合も、大きな実績になります。

　実績は過大評価も過小評価もよくありません。数字や固有名詞を使いながら、できる限り「実績のある人」と思ってもらえる見せ方をしましょう。実績が豊富な人は、それ自体がストロングポイントにもなります。

> **【3要素を盛り込んだプロフィール】**
>
> 山口拓朗
>
> 伝える力【話す・書く】研究所所長／山口拓朗ライティング塾塾長
>
> 出版社で編集者・記者を務めたのちライターとして独立。**芸能人から政治家、スポーツ選手、経営者、ビジネスパーソン、主婦、学生、子供まで、有名無名を問わず18年間で2200件以上の取材・執筆歴を誇る。**
>
> 現在は、難しいことでも、小学生にも分かるように書く「解説力」を武器にビジネス書や実用書の執筆を行う他、仕事の成果につながるブログの書き方を指導する「山口拓朗ライティング塾」も主宰。小手先のテクニックで終わらない本質志向のメソッド＆アドバイスで好評を博す。「伝わる文章」をテーマに、講演や研修、セミナーも年間に50本以上行っている。
>
> モットーは「伝わらない悲劇から抜けだそう！」。
>
> **雑誌の執筆実績は『FLASH』（光文社）『Asahi Weekly』（朝日新聞社）『日経おとなのOFF』（日経BP社）『OZ magazine』（スターツ出版）『壮快』（マキノ出版）『るるぶ東京』（JTBパブリッシング）他多数。著書に『伝わる文章が「速く」「思い通り」に書ける87の法則』（明日香出版社）他がある。**

　商品（青字）を理解してもらったうえで、ストロングポイント（網掛け）で興味を引き、実績（**太字**）で納得してもらう。このような流れが生み出せれば、「この人に仕事をお願いしよう」「この人から商品(サービス)を買おう」という人が出てくるはずです。

96 ウェブ上で問われる「見た目のおもてなし」

　興味のないページをじっくりと読む人はいません。「自分に関係がない」と思ったら、すぐにそのページから離れてしまいます。

　一般的に、そのページを見るかどうか判断するまでの時間は3秒以内と言われています。つまり、3秒以内に「自分に関係がある」「読みたい」と思わせなければいけないのです。

　とくにウェブ上で嫌われるのが、ぎっしりと文字が詰まった文章です。無料のウェブ上で、わざわざストレスを感じながら文章を読みたいという人はいないでしょう。

---

1 究極的には、具体的な1人に向けて書くのが文章です。たとえば、仕事で使う企画書であれば、読む人が「誰か」によって、文章を変化させる必要があります。＜読者が同僚の場合＞部署内で同意を得るための文章を書く。＜読者が上層部の場合＞社内会議で企画を通すための文章を書く。

---

2 究極的には、
　具体的な1人に向けて
　書くのが文章です。

　たとえば、仕事で使う企画書であれば、
　読む人が「誰か」によって、
　文章を変化させる必要があります。

　＜読者が同僚の場合＞
　部署内で同意を得るための文章を書く

　＜読者が上層部の場合＞
　社内会議で企画を通すための文章を書く

1と2は、同じブログ記事です。2のほうが断然読みやすいはずです。2は1よりも以下の点に工夫を凝らしています。

① 文字の大きさ（全体的に大きい）
② 重要な言葉の文字を大きくしている
③ 重要な言葉の文字に色（青）をつけている
④ 早めに改行している
⑤ 空行（空白の行）を多く使っている

　他にも、読みやすくする工夫には、以下のようなものがあります。

⑥ Bold（太文字）を使う
⑦ 目を引く書体を選ぶ
⑧ 字間、行間を最適化する（つめすぎに注意）
⑨ 重要な言葉にカッコを利用する
⑩ 重要な言葉に下線（アンダーライン）を引く
⑪ テキストではなく、画像にしてしまう

　この際、学校時代に習った文章の書き方（たとえば起承転結）や原稿用紙上のルール（たとえば改行の決まり事）は、無視してください。ウェブ上で情報をやり取りする環境は、アナログの環境とは、まったく別ものだからです。

　ある実験によると、ウェブ上で人の視線は「Fの字」を描くの

だそうです。つまり、**すべての行を左端から右端まで読むのではなく、右端まで読むのは、最初の１、２行程度なのです。**

多くの人が最初の数行を読んでから、ウェブ上の左側の文字をなめるように下がっていき、また視覚的に目を引く小見出しなどをちょろちょろ読みながら、左端を下がっていく——といった具合です（その目線を線でつなぐと「Ｆの字」となる）。

テレビを視聴している際にリモコンを操作してチャンネルをあれこれ切り替える行為を「ザッピング」と言いますが、ウェブ上でも似たようなことが行われているのです。

ここで考えなければいけないのが「Ｆの字」に該当する箇所です。つまり、キャッチコピーや１行目、あるいは、途中に出てくる小見出しなど。視線がこのあたりを通ったときに、いかに興味を持ってもらえるかが、勝負の分かれ目となるわけです。

① ３カ月間、サプリを飲み続けた結果、５キロの減量に成功！
② ５キロの減量に成功！　サプリを３カ月間飲み続けた成果

①と②の小見出しを比べたとき、とくに重要なのは左端（最初の10文字とか）です。①の「３カ月間、サプリを飲」と、②の「５キロの減量に成功！」のどちらが興味を持ちやすいかと言えば、②ではないでしょうか。つまり、「Ｆの字」で読まれるウェブ上では、②の小見出しのほうが読まれやすい、ということです。

なお、ホスピタリティという意味では、漢字とひらがなのバラ

ンスも軽視できません。次の文章を読み比べてみてください。

> ① 勿論、如何に頑張っても、殆どのボクサーが、一度は減量に失敗します。其の苦しさに耐え切れない人も居ます。
> ② もちろん、どんなに頑張っても、ほとんどのボクサーが、一度は減量に失敗します。その苦しさに耐え切れない人もいます。

　②のほうが読みやすいと感じた人が多いはずです。両者の違いは漢字とひらがなの量にあります。①では「勿論」「如何に」「殆ど」「其の」「居ます」など漢字を多用しています。一方、②はこれらの漢字をひらがなにしています（一部言い換えも実施）。

　何十年か前であれば「勿論」「殆ど」などの接続詞に漢字を使う文章もありましたが、現在ではあまり使われません。つまり、なじみが薄いのです。
　「ところで、この漢字はなんて読むの？」という人がいても不思議ではありません。責任は、読む人にはありません。読めない漢字を使った書き手の側にあります。

　くり返しお伝えしてきましたが、よほどのことがない限り、人は積極的に文章を読もうとはしません。
　とくに、ウェブ上で文章を書く場合は、「見た目のおもてなし」に十分注意を払いましょう。もてなしても、もてなしすぎるということはありません。読む人にストレスを与えないホスピタリティこそが、ウェブ上に書く文章の生命線です。

97 メールで人を動かす

　伝えたいことを伝える。それだけがメールの役割だと思ったら大間違いです。なぜなら、社会人が書くメールの多くに求められているのは、「人を動かす文章」だからです。

> ■ アポを取る →「自分と会う時間」を買ってもらう
> ■ 企画の提案 →「企画」を買ってもらう
> ■ 商品発表会の案内 →「商品の価値」と「発表会にくる時間」を買ってもらう
> ■ お詫びをする →「お詫びの気持ち」と「誠意」を買ってもらう
> ■同僚に仕事を手伝ってもらう →「自分という人間の価値（手伝うに値する人かどうか）」と「仕事にかかる時間」を買ってもらう

　このように、仕事で書く重要なメールには、それぞれ買ってもらいたいものがあるのです。

　したがって、「自分の都合」や「自分の書きたいこと」ばかり書いていてはいけません。そうした自分本位のメールでは、メール受信者が「買いたい」という気持ちにはなりません。

　メール受信者に「買いたい」と思ってもらうためには、徹底して相手の立場でものを考えたうえで、相手本位の文章を書く必要があります。

【メールA】

株式会社もんきち　五味様

初めてご連絡差し上げます。
株式会社倉田プロジェクツの二宮と申します。
弊社では○○○というサービスを用意しております。
つきましては、来週お時間をいただけませんでしょうか。
よろしくお願い致します。
＜以下署名＞

　このようなメールをもらって、簡単に「では来週いらしてください」と返信する人は、そういないでしょう。自分本位なメールだからです。なかには、「ぶしつけな営業メール」と判断して、返信しない人もいるかもしれません。
　では、相手本位でメールを書くとどうなるでしょうか。

【メールB】

株式会社もんきち　五味様

突然のメールで失礼致します。
株式会社倉田プロジェクツの二宮と申します。
弊社では全国5000店舗に対して、
顧客管理システムを提供しております。

貴社で展開されている飲食事業「和の食」におきまして、

> 弊社が提供するサービス〇〇〇がお役に立てると思い、
> ぶしつけながらご連絡致しました。
>
> 参考までに、ご提案内容（PDF資料）を
> 本メールに添付致しました。
>
> もしご興味がありましたら、
> ご連絡をいただけると幸いです。
> 五味様のご都合に合わせて、ご説明にうかがいます。
>
> ご多忙のところ、長文にて失礼致しました。
> 今後ともよろしくお願い申し上げます。
> ＜以下署名＞

　メールAとBの違いはどこにあるのでしょうか。Aに欠けていて、Bにあるものを挙げてみましょう。

① 気遣い・配慮

　「突然のメールで失礼致します」「ぶしつけながら、ご連絡致しました」「もしご興味がありましたら〜」「五味様のご都合に合わせて〜」「ご多忙のところ、長文にて失礼致しました」

　ざっとこれだけの気遣い文章が盛り込まれています。

　メールと言えども、相手の時間を拘束することには変わりありません。 長文すぎてもいけませんが、なにしろ相手とは、まだ信頼関係が構築できていない状態です。少しでもいい印象を持って

もらえるよう、できるだけていねいな文章を書きましょう。

② 自分が何者かを明確にする

「株式会社倉田プロジェクツの二宮と申します」「弊社では全国5000店舗に対して、顧客管理システムを提供しております」

自分が何者かを伝える。当たり前のことですが、これができていない人が意外に多いです。**自分の素性を隠した状態で、時間や商品、あるいは、自分自身を買ってもらうのは虫がよすぎます。**自分が逆の立場になれば、すぐに分かるはずです。

③ 相手のニーズに応える

「貴社で展開されている飲食事業「和の食」におきまして、弊社が提供するシステム○○○がお役に立てると思い」「参考までに、ご提案内容（PDF資料）を本メールに添付致しました」

初めてのメールであっても、相手のニーズをつかんだうえでのオファーであれば、少なくとも不快には思われないはずです。

ホームページ制作会社に「ホームページご制作のご提案」というメールが送られてくるという、笑い話のような実話をよく耳にします。これは、相手のニーズはもちろん、相手の会社が何をしているかさえ把握していない最悪の例です。

「気遣い・配慮」「自分が何者かを明確にする」「相手のニーズに応える」——とくに初めての相手にメールを送るときには、この3点が盛り込まれているかどうか、よくチェックしましょう。

98 お客様からのクレームメールは、最大のチャンス！

　ときには顧客や取引先からクレームを受けることもあるでしょう。クレームを受けるのは、悪いことばかりではありません。なぜなら、相手の信頼を勝ち取るチャンスだからです。

　クレーム対応では、相手の怒りをしずめることも大切ですが、それと同時に、「ここの会社（人）はしっかりしている」と思ってもらうことも大切です。クレームを受けたときは、まさに「雨降って地固まる」の序章なのです。

おたくの会社の日焼け止めを使ったら、息子の肌が赤くかぶれてしまいました。こんないい加減な製品を販売して何とも思わないのですか？

　仮に、お問い合わせフォームから、こんなクレームメールが届いた場合、どのように対応すればいいでしょうか。

鈴木様

株式会社ミツオの北野と申します。
このたびは、誠に申し訳ございません。

当社製品は安全性に配慮して作られておりますが、
合う・合わないは個人差があります。

> 迅速に返金対応させていただきますので、
> 商品を下記住所までお送り願います。＜以下省略＞

　クレーム対応としては、好ましくありません。「申し訳ございません」とは言っているものの、そのあとの文面は言い訳がましく、文章の端々に「個人差だから仕方がない。こちらの責任ではない」的なニュアンスが感じられます。これでは、相手の怒りは増すばかりでしょう。では、次の文面ならどうでしょうか。

> 鈴木様
>
> 日頃より弊社製品をご愛顧いただき、誠にありがとうございます。
> 株式会社ミツオ・消費者課の北野と申します。
>
> このたびは、弊社の「○○」を使用した際に
> 肌に異常が生じたということで、誠に申し訳ございません。【①】
>
> お子様の症状がたいへん気になります。【②】
>
> すでに「○○」の使用は中止していただいていると思いますが、
> 症状がひどくなるようであれば、
> 一度皮膚科の受診をお勧め致します。【③】

鈴木様の件は、すみやかに品質管理部に報告し、
今後の製品改良に役立てていきたいと思います。【③】

不快、不安な思いをさせてしまい、
本当に申し訳ございませんでした。【①、②】
改めてお詫び申し上げます。【①】

なお、迅速に返金対応致しますので、
商品を下記住所まで宅急便の着払いで
お送りいただけますでしょうか。【③】

また、病院の治療費につきましても、弊社で負担致します。
(請求方法につきましては追って連絡致します)【③】

ご不明点がございましたら、
消費者課の佐藤までご連絡いただけますでしょうか。

皆さまに安心・安全な商品をお使いいただけるよう
企業をあげて取り組んでいく所存です。

今後とも、何卒よろしくお願い申し上げます。<以下省略>

　次ページの①〜③がバランスよく盛り込まれています。このメールであれば、クレーム対応として及第点ではないでしょうか。

> ① 誠心誠意の謝罪
> ② 相手の気持ちに寄り添う／怒りに共感する
> ③ 適切な対応策を講じる

とくに大事なのは②の「相手の気持ちに寄り添う／怒りに共感する」です。クレームを言う人は、謝罪の言葉がもらいたいのではなく、「自分の怒り」を分かってほしいのです。

その気持ちに寄り添いながら対処できれば、相手の怒りもしずまりやすくなります。誠意ある返信を"粋"に感じて、逆に、好感を抱いてくれる可能性もあります。

クレーム対応でしてはいけないのが、相手の怒りを増幅させることです。誠意を欠いた表面的な謝罪はもちろん、言い訳がましい謝罪、慇懃無礼（言葉や態度などがていねいすぎて、かえって無礼である様子）な謝罪は禁物です。

大事なのは「自分が相手の立場だったら」という視点で考えることです。相手が取引先の企業などであれば、メールよりも先に電話でお詫びするのが筋ですし、問題次第では、訪問して謝罪したほうがいいケースもあるはずです。いずれも、クレームを受けてから「できるだけ早く行う」ようにしましょう。

99 問い合わせメールには、付加価値をつけて返信せよ！

いきなりですが、営業マンがとくに力を注いで書くべきは、次の①〜③のどのメールでしょうか？

① お客様とアポを取りたいときに送るメール
② お客様からきたメールへの返信メール
③ 商品（サービス）をセールスしたいときに送るメール

答えは②です。①や③は、言うなれば「自分都合」のメールです。一方、②は「お客様都合」のメールです。お客様都合ゆえに、力を入れて書く必要があります。

なぜなら、お客様から送られてくるメールには、必ずと言っていいほど「解決すべき問題」が存在するからです。その問題を解決できれば、お客様の信頼を勝ち取ることができます。

保険の営業マン宛に「○○のケースでは保険金は下りますか？」という問い合わせが送られてきた場合

↓

○○のケースで保険金が下りるかどうかを、迅速かつ的確に回答する。また、例外などがあれば、併せて伝える。

では、次のようなメールの場合はどうでしょうか。

> **【お客様からきたメール】** 追伸：今週末に家族で軽井沢に出かける予定です。どこかオススメのスポットをご存知ですか？

　実は、こういう、仕事とまったく関係のない問い合わせがきたときこそ、営業マンにとって大きなチャンスです。

> **【ダメな返信】** 残念ながら、軽井沢の情報にあまり明るくありません。まず軽井沢観光協会に行かれてみるといいかと思います。

> **【デキる返信】** 軽井沢に詳しい友人にオススメスポットを聞いてみました。ランチをするなら中軽井沢にある○○が穴場なようです。人気メニューはパンケーキで〜。それと、お子様がご一緒であれば○○に行かれるといいかもしれません。子供が遊べるアスレチックエリアが人気だそうです。アクセスは〜

　旅行代理店も顔負けの有益情報を教えてあげられたら、お客様も喜ぶはずです。お客様と営業マンの距離は一気に縮まり、「今後、保険のことは○○さんに任せよう」と考えるかもしれません。
　また、保険を必要としている知人などに「信頼できる保険屋さんがいる」と紹介してくれるかもしれません。

　大事なのは、メールの内容がどんなものであれ、お客様のニーズに応えることです。「お客様都合」のメールがきたときこそ、「信頼」を勝ち取る絶好のチャンスだと心得ておきましょう。

100 メールタイトルを具体的に書く

　メールの件名は非常に重要です。件名がメール受信者の目を引かないと、メールの開封を後回しにされてしまうかもしれません。

　スパムメールや重要性の低いメルマガを含め1日に100通以上のメールを受信する人も珍しくありません。

　そういう方に、「はじめまして」「こんにちは」「お世話になっております」といった件名のメールを送っていては、開封はおろか、スパムメールと思われてしまう恐れもあります。

　もしも、相手に、できるだけ速く、確実にメールを開封してもらいたいのであれば、受信者が件名を読んだ瞬間に「すぐに開封したい」と思う件名にしておく必要があります。

```
企画のご提案
```

　しっかりとした件名に思えるかもしれませんが、これだけでは、受信者に不親切です。「企画とか言っておきながら、どうせまたロクでもない売り込みだろう」と思う人もいるはずです。

```
SA-MU-RAI の販促企画のご提案
```

　「SA-MU-RAI」は、メール受信者側の商品です。具体的な件名と言えます。SA-MU-RAI の販促に関わっている人であれば、当然、すぐに開封したくなるでしょう。

> SA-MU-RAI の販促企画のご提案／株式会社ポンタ・山口より

　つき合いがない（浅い）相手に送る場合は、このように、自分が何者かも書いておいたほうがいいでしょう。

　件名はできるだけ具体的に書くのがコツです。 読んだだけでは要件が伝わらない件名や誰が送ってきたのか分からない件名では、開封率が下がってしまいます。

> × タイアップの件
> ○ △△イベントでのタイアップのお願い／株式会社 OPPI 斉藤

> × 面談のご相談
> ○ △△の件で面談のご相談／株式会社 OPPI 斉藤

> × 取材のお願い
> ○ △△の開発に関する取材のお願い／株式会社 OPPI 斉藤

　あなたがメールを受け取ったときに、すぐに開封したくなるメールの件名はどういうものでしょうか。おそらく具体的に書かれていて、なおかつ、ひと目見た瞬間に「自分に関係がある」と思えるものではないでしょうか。

　自分がメールを書くときにも、その受信者としての感覚を大切にしましょう。

101 あいまいな表現では、人は動かない

　仕事のメールであいまいな表現を使うと、相手との間に誤解が生じて、思わぬトラブルに発展してしまうことがあります。
　誤解の原因の多くは、メール受信者ではなく、あいまいな表現を使った送信者側にあります。

> 誠に恐れいりますが、早めに納品いただけると助かります。

　「早め」の概念には個人差があります。＜今日中＞を早めと思う人もいれば、＜2、3日中＞を早めと思う人、＜1週間以内＞であれば早めと思う人もいるでしょう。
　個人差に加え、置かれている立場や状況によっても早めの定義は変化します。
　あなたの早めが＜今日中＞で、相手の早めが＜2、3日中＞だった場合、その段階で、すでに「早め」という言葉は、「使うと危険」なものになっているのです。

> 誠に恐れいりますが、3月3日（水）の14時までに納品いただけると助かります。

　このような具体的な表現であれば、相手も誤解しようがありません。**重要な連絡事項であればあるほど、あいまいな表現を避けて、具体的な表現を心がける必要があります。**

【あいまい】

多めに発注いただければ、割引致します。

【具体的】

300ロール以上ご注文いただければ、通常1ロール3000円のところ、1ロール2500円に致します。

【あいまい】

集合場所は渋谷のSKビルでお願い致します。

【具体的】

集合場所は渋谷のSKビル6階でお願い致します。

住所は下記になります。

東京都渋谷区渋谷1-x-x SKビル6階

＜地図のURLもつける＞

【あいまい】

会場には**そこそこの広さ**の駐車場があります。

【具体的】

会場には乗用車50台を収容できる駐車場があります。

　人を思い通りに動かすためには、相手が誤解をしないように、相手の立場に立ってメールを書かなければいけません。つまり、「何が書かれていたら、相手は理解しやすいだろうか？」「行動したくなるだろうか？」と考えながらメールを作成するのです。

　相手本位の意識さえあれば、メールで「人を動かす」ことは、決して難しくはありません。

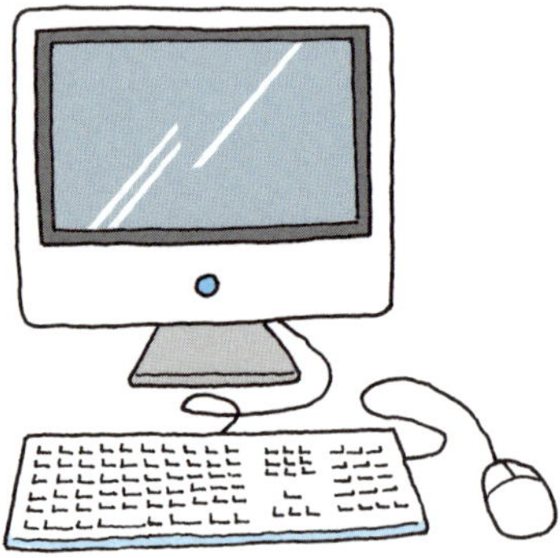

付 録

「商品の特徴」＆「ターゲット分析」の棚卸しシート

この棚卸しシートは、「買わせる文章」を書くうえで熟知しておく必要がある「商品の特徴」と「ターゲット」を把握するためのものです。ターゲットや訴求ポイントの明確化など、あらゆる情報整理にお使いください。

【商品の特徴】

● 誰のための商品・サービスか（ターゲット）
　　[　　　　　　　　　　　　　　　　　　　　　　　　　]
● 商品の仕様・価格（詳細）
　　[　　　　　　　　　　　　　　　　　　　　　　　　　]
● 商品のウリ（強力なウリとサブのウリ）
　　[　　　　　　　　　　　　　　　　　　　　　　　　　]
● ターゲットのどんな「不」を解決するのか
　　[　　　　　　　　　　　　　　　　　　　　　　　　　]
● その「不」を維持し続けると、ターゲットはどうなるか
　　[　　　　　　　　　　　　　　　　　　　　　　　　　]
● その「不」が解決されると、そのターゲットはどう変化するか
　　[　　　　　　　　　　　　　　　　　　　　　　　　　]
● 商品のベネフィット（機能的と情緒的）
　　[　　　　　　　　　　　　　　　　　　　　　　　　　]
● この商品が使われ続けると、世の中はどう変わるか
　　[　　　　　　　　　　　　　　　　　　　　　　　　　]
● 競合商品にはどんなものがあるか
　　[　　　　　　　　　　　　　　　　　　　　　　　　　]

● ターゲットが、競合商品ではなく、この商品を選ぶ理由
　[　　　　　　　　　　　　　　　　　　　　　　　　　　]

● 見込み客が、この商品について知りたい・聞きたいと思っていること
　[　　　　　　　　　　　　　　　　　　　　　　　　　　]

● 見込み客が購入に対して二の足を踏むとしたら、何が理由か
　[　　　　　　　　　　　　　　　　　　　　　　　　　　]

● 商品にまつわる物語
　[　　　　　　　　　　　　　　　　　　　　　　　　　　]

● 商品に絡められそうな限定感
　[　　　　　　　　　　　　　　　　　　　　　　　　　　]

● 特典など
　[　　　　　　　　　　　　　　　　　　　　　　　　　　]

● 商品の保証、アフターサービスなど
　[　　　　　　　　　　　　　　　　　　　　　　　　　　]

● 商品はどこで購入できるか
　[　　　　　　　　　　　　　　　　　　　　　　　　　　]

● どうすれば商品の口コミが発生するか
　[　　　　　　　　　　　　　　　　　　　　　　　　　　]

● 商品の販促に適した媒体・ツール・キャンペーン
　[　　　　　　　　　　　　　　　　　　　　　　　　　　]

【ターゲットの分析】

<個人の場合>

● 年齢・性別
[   ]

● 職業
[   ]

● 年収
[   ]

● 家族構成
[   ]

● 居住地
[   ]

● 趣味や感心事
[   ]

● 抱えている悩み・不安・不満など
[   ]

● 目標や夢
[   ]

● 憧れているライフスタイル
[   ]

● 何をもらう（される）と喜ぶか
[   ]

● 性格（特徴的なもの）
[   ]

● 価値観（特徴的なもの）
　[　　　　　　　　　　　　　　　　　　　　　　　]
● 知的レベル（5段階評価）
　[　　　　　　　　　　　　　　　　　　　　　　　]
● 愛読書、愛読雑誌
　[　　　　　　　　　　　　　　　　　　　　　　　]
● 好きなテレビ番組
　[　　　　　　　　　　　　　　　　　　　　　　　]
● よく使う言葉（特徴的なもの）
　[　　　　　　　　　　　　　　　　　　　　　　　]
● よく使う情報収集ツール
　[　　　　　　　　　　　　　　　　　　　　　　　]

＜法人の場合＞
● 業種
　[　　　　　　　　　　　　　　　　　　　　　　　]
● 規模
　[　　　　　　　　　　　　　　　　　　　　　　　]
● 業績（長期と短期それぞれ）
　[　　　　　　　　　　　　　　　　　　　　　　　]
● 会社の体力（5段階評価）
　[　　　　　　　　　　　　　　　　　　　　　　　]
● 業界での立ち位置
　[　　　　　　　　　　　　　　　　　　　　　　　]

● 組織形態（社内における利害関係の把握を含む）
　[　　　　　　　　　　　　　　　　　　　　　　　　　]
● 取り扱っている商品・サービス
　[　　　　　　　　　　　　　　　　　　　　　　　　　]
● 会社のストロングポイント（強み）
　[　　　　　　　　　　　　　　　　　　　　　　　　　]
● 企業理念、ビジョン
　[　　　　　　　　　　　　　　　　　　　　　　　　　]
● 会社の課題・問題点
　[　　　　　　　　　　　　　　　　　　　　　　　　　]
● 会社が欲しているもの（ニーズ）
　[　　　　　　　　　　　　　　　　　　　　　　　　　]
● 社風・慣習
　[　　　　　　　　　　　　　　　　　　　　　　　　　]
● 購買決定のプロセス（会議、稟議など）
　[　　　　　　　　　　　　　　　　　　　　　　　　　]
● 購買決定者
　[　　　　　　　　　　　　　　　　　　　　　　　　　]
● 購買決定者の判断基準
　[　　　　　　　　　　　　　　　　　　　　　　　　　]
● 自社との関係性の強さ（5段階評価）
　[　　　　　　　　　　　　　　　　　　　　　　　　　]

あとがき

　前作『伝わる文章が「速く」「思い通り」に書ける87の法則』（明日香出版社）が、スマッシュヒットとなり、多くの読者から「伝わる文章が書けるようになりました！」「もっと早く知りたかった！」「バイブルにさせていただきます！」という喜びの声をいただきました。

　「伝わる文章」は、情報や想いを伝えるうえでの基本です。その考え方とスキルをお伝えできたことに私は満足していました。

　一方で、私の気持ちは、すでに次の本へ向かっていました。その本が、この『買わせる文章が「誰でも」「思い通り」に書ける101の法則』です。

　「買わせる文章」は、「伝わる文章」の次に、どうしても伝えておきたいスキルでした。

　なぜなら、どんな種類の文章であれ、社会人が書く文章には、買わせる（＝人を動かす）という目的があるからです。

　すでに本書を読み終えた方であれば、目的を達成するために、何をどう考え、誰にどうアプローチし、文章をどう書けばいいかが、お分かりいただけたことでしょう。

　「この型を使えば、絶対にモノは売れる！」「100％人は動く！」という必勝法をお伝えできればよかったのかもしれません。

　しかし残念ながら、買わせる文章に必勝法は存在しません。な

ぜなら、私たちを取り巻く状況に同じものはひとつもないからです。商品（サービス）も、売り方も、届ける相手も、彼らの感情も、時期も、媒体やツールも……何もかもが違うのです。

だからこそ、本書では、必勝法ではなく、必勝法に近づくためのセオリーをお伝えしました。これから先は、状況を見極めながら、あなた自身が、このセオリーを組み立てていく番です。

「魚を与えるのではなく、魚の釣り方を教える」という有名な格言があります。「人に魚を与えれば1日で食べてしまうが、魚の釣り方を教えれば、その人は一生食べていける」という意味です。

本書では「魚の釣り方」を教えました。この一生モノの武器を大切に磨き上げていってください。

前作に引き続き、編集を担当していただいた久松圭祐さんに心よりお礼申し上げます。また、いつも応援してくれる妻の朋子と娘の桃果にも「ありがとう」を言わせてください。

本書を手にしたあなたへ。あなたが今日から書く文章が、文章を読む人と、あなた自身に大きな実りをもたらしますように。大丈夫。あなたは、もう、この本を読んだのですから。

山口 拓朗

■著者略歴
山口 拓朗（やまぐち たくろう）

伝える力【話す・書く】研究所所長
山口拓朗ライティング塾塾長
1972年鹿児島生まれ。神奈川育ち。
出版社で6年間、雑誌編集者・記者を務めたのちにフリーライターとして独立。18年間で2200件以上の取材・インタビュー歴がある。
現在は、執筆活動と平行して、官公庁、企業、大学などで「伝わる文章の書き方」「モノを売る文章の書き方」「興味を引くキャッチコピーの作り方」等をテーマにした講演や研修を実施。また、ビジネス系ブログの発信力を磨く「山口拓朗ライティング塾」も運営。「伝わらない悲劇から抜けだそう！」をモットーに活動する。
著書に『伝わる文章が「速く」「思い通り」に書ける87の法則』(明日香出版社)、『どんな人ともドギマギせずに会話がふくらむコツを集めました！』(三笠書房)、『なぜ皇居ランナーの大半は年収700万以上なのか』(KADOKAWA／メディアファクトリー新書) 他、電子書籍に2013年アマゾンKindle本（ビジネス・経済部門）の年間ランキング1位に輝いた『ダメな文章を達人の文章にする31の方法』、続編の『文章が変わると人生が変わる！文章力アップ33の方法』(共にバレーフィールド) 他、監修本に『男の座右の銘』(シンコーミュージック) などがある。

山口拓朗の公式ホームページ
http://www.yamaguchi-takuro.com/

山口拓朗ライティング塾
http://www.yamaguchi-takuro.com/writing/

山口拓朗のブログ
http://ameblo.jp/writer-yama/

山口拓朗の連絡先
yama_tak@plala.to

本書の内容に関するお問い合わせは弊社HPからお願いいたします。

買わせる文章が「誰でも」「思い通り」に書ける101の法則

| 2014年 9月 21日 初版発行 | 著 者 | 山口 拓朗 |
| 2021年 3月 22日 第13刷発行 | 発行者 | 石野 栄一 |

〒112-0005 東京都文京区水道2-11-5
電話 (03) 5395-7650（代表）
(03) 5395-7654（FAX）
郵便振替 00150-6-183481
https://www.asuka-g.co.jp

■スタッフ■
BP事業部　久松圭祐／藤田知子／藤本さやか／田中裕也／朝倉優梨奈／竹中初音
BS事業部　渡辺久夫／奥本達哉／横尾一樹／関山美保子

印刷　株式会社フクイン
製本　根本製本株式会社
ISBN 978-4-7569-1720-1 C2036

本書のコピー、スキャン、デジタル化等の無断複製は著作権法上で禁じられています。
乱丁本・落丁本はお取り替え致します。
©Takuro Yamaguchi 2014 Printed in Japan
編集担当　久松圭祐

山口拓朗ライティング塾
＜塾生、随時募集中！＞

なぜ書けない？ なぜ伝わらない？
なぜ興味をもたれない？

＜ブランディングから起業、集客、自己表現まで＞
ブログの発信力を強化したい方、これからブログを始めたい方のための実践的な文章塾です。

検索 ← 山口拓朗　ライティング塾

http://www.yamaguchi-takuro.com/writing/

無料動画プレゼント！
＜著者が本書のポイントを動画にまとめました＞
本書の復習にぴったり！
↓
【無料動画の閲覧方法】
下記へアクセスしてください
http://www.yamaguchi-takuro.com/tsutawaru/

【講演・研修・執筆・取材等の問い合わせ先】
メールアドレス：yama_tak@plala.to

伝わる文章が「速く」「思い通り」に書ける87の法則

山口 拓朗 著

ISBN978-4-7569-1667-9
B6並製　232ページ

本体価格1400円＋税

　ビジネスやプライベート（ブログなど）で文章を書くときに困るのは、書きたいことがなかなか表現できないことだ。自分の考えたことを思い通りに、短時間で書けることを目的とした実用書。『書いた文章がなかなか伝わらない』『文章を書くのが下手で、時間だけがどんどん過ぎていってしまう』。このような悩みを持っている人のために、文章を作成するテクニックをを87項目でまとめた。

誰でもすぐにできる 売上が上がる キャッチコピーの作り方

堀内 伸浩 著

ISBN978-4-7569-1594-8
B6並製　192ページ

本体価格1500円＋税

　チラシ、カタログ、HP、POP、などに使えるキャッチコピーの作り方を学べる本。マーケティング視点から、どんなターゲットに向けたコピーを作成すればいいかを分析。さらに効果的なコピーを作るテクニックを58のルールでまとめた。

　いい商品を持っているのに、売上が中々上がらないという方にお勧めの一冊。あなたの言葉で爆発的に商品をヒットさせましょう！